Die Klausur auf dem Berge

Dudjom Rinpoche

»Obgleich meine Sicht weit ist wie der Raum, sind mein Verhalten und mein Achten auf Ursache und Wirkung feiner als Gerstenmehl.«

Padmasambhava

Dudjom Rinpoche

Die Klausur auf dem Berge

Ri Chö - Das Berg-Dharma

Dzogchen-Lehren und Kommentare

edition khordong
Klassiker Wiederaufgelegt, Band 5

Titel der englischen Originalausgabe des Grundlagentextes:
Extracting the Quintessence of accomplishment
Oral Instructions for the practice of Mountain retreat
expounded simply and directly in their essential nakedness
Erstmalig veröffentlicht 1979 bei Orgyan Kunsang Chökhorling, Indien.

ISBN: 978-3-942380-21-8

Mit freundlicher Genehmigung von S.H. Shenphen Dawa Rinpoche,
Yeshe Nying Po, 19 West 16th Street, New York, NY 10011, USA

2. Auflage 2022

Erstmalig erschienen 1994 bei Theseus Verlag, Berlin.
Übersetzt aus dem Englischen von Claudia Wellnitz.
Überarbeitet von Wulf Niepold & Andreas Ruft.
Überarbeitete und erweiterte Neuausgabe, 2016.

Tibetischer Titel des Grundlagentextes:
Ri chos bslab bya nyams len dmar khrid go bder brjod pa grub pa'i bcud len

Lektorat, Satz, Umschlagfoto und -gestaltung: Andreas Ruft, Berlin
Umschlagfoto: Blick vom Khordong Kloster in Kham, Tibet.

Gedruckt in Berlin auf FSC zertifiziertem 100% säure-, holz- und chlorfreiem, sowie geglättetem und alterungsbeständigem Papier.

edition khordong ist eine Publikationsreihe veröffentlicht beim **WANDEL VERLAG** berlin. Bitte besuchen Sie unsere Webseiten:
Web: www.khordong.de www.wandel-verlag.de www.tsagli.pictures
Mail: edition@khordong.de mail@wandel-verlag.de

Inhaltsverzeichnis

Einleitende Anmerkungen

Liebe Dharmafreunde,
es ist uns ein große Freude, einen lang vergriffenen Klassiker buddhistischer Literatur überarbeitet und erweitert vorlegen zu können. Dabei handelt es sich um die mündlichen Unterweisungen eines ganz großen Lehrers und Dzogchen-Meisters des 20. Jahrhunderts, die, während sie gegeben wurden, nicht für die Öffentlichkeit bestimmt waren. Wie Dudjom Rinpoche in diesen Unterweisungen immer wieder betont, liegt in ihnen, richtig angewendet, ein unvergleichlich großer Nutzen, jedoch falsch verstanden, können sie zu extremen und dämonischen Sichtweisen führen. Nicht nur deshalb wurden diese Lehren ursprünglich nur sehr fortgeschrittenen Schülern vorbehalten. Auch wenn es von Dzogchen immer wieder heißt, dass es eine mühelose Meditation ist, überall zu integrieren, ohne Objekt, Subjekt und ohne Anspannung, »Alles ist immer gut«, was sicher für die eigentliche Praxis zutrifft, sollte man sich nicht täuschen und denken, dies wäre ohne Fähigkeit zur Konzentration, ohne lange Klausuren und kontinuierliche Übung zu erreichen. Dafür mag es inspirierend sein, sich die Biografien der Siddhas und Yogis zu eigen zu machen und sie als Vorbild zu nehmen. Insbesondere jedoch bedarf es eines in dieser Meditation erfahrenen Lehrers, der einem mit Rat und Tat und den wichtigen mündlichen Anweisungen zur Seite steht. Möge sich dieses Buch mit den essentiellen Unterweisungen aus dem Herzen des Dzogchen für ernsthaft interessierte Praktizierende als nützlich erweisen und helfen, die Klausur auf dem Berge erfolgreich zu Ende zu bringen.

Ich bin S.H. Shenphen Dawa Rinpoche für die Erlaubnis dieses Buch erneut zu veröffentlichen, sehr zu Dank verpflichtet. Thomas Maier möchte ich für das Erfassen des Textes danken und Wulf Niepold für seine Unterstützung bei der Überarbeitung der deutschen Übersetzung. Ebenso danke ich Munish Bernhard Schiekel und Constance Wilkinson für ihr Einverständnis mit dem Abdruck ihrer Übersetzung des Gebetes »Die Herzessenz der Großen Meister«, welches so wunderbar den Richö-Text ergänzt.

Um die Sprache dieses Buches auch für Laien verständlich zu gestalten, werden bei der deutschen Übersetzung überwiegend folgende Regeln eingehalten: Tibetische oder Sanskrit-Begriffe werden nur angewendet, wenn sich keine deutschen Begriffe mit gleicher Bedeutung finden ließen. Die tibetischen Begriffe werden oft in Klammern den deutschen Begriffen nachgestellt. Die im Text in phonetischer Form vorkommenden Wörter sind bei erstmaliger Verwendung kursiv gedruckt. Tibetische Eigennamen werden im Text in Lautschrift wiedergegeben. Viele technische Sanskrit-Begriffe sind mittlerweile in den deutschen Sprachgebrauch eingegangen (Yogi, Chakra, Samsara usw.) und sind daher nicht kursiv gedruckt. Bei den Fachbegriffen wird zur besseren Lesbarkeit auf eine wissenschaftliche Transkription verzichtet. Diese findet sich gelegentlich in Klammern nachgestellt, in den Fußnoten sowie im Glossar.

Der Text wurde für diese Ausgabe gründlich überarbeitet. Vor allem im Kommentar wurden Fußnoten zur Erläuterung der vielen Fachtermini hinzugefügt sowie wurde das Buch durch ein umfassendes Glossar der im Text verwendeten Begriffe erweitert.

Möge das Buch bei der Übung und in der Anwendung segensreich sein.

Tsultrim Tarchin, Berlin, 9. März 2016

Vorwort

Zur ersten Ausgabe 1994

Liebe Freunde des Dharma!

Dieser Berg-Dharma-Text und Kommentar ist eine äußerst kostbare Unterweisung von Seiner Heiligkeit Dudjom Rinpoche: Er erläutert hier, wie wir ein direktes Verständnis des Buddha-Dharma erreichen können. Die Anweisungen richten sich insbesondere an Personen, die ein Retreat machen möchten. Sie können eine wichtige Hilfe für Menschen im Retreat darstellen und viele Missverständnisse und Probleme über Sichtweise, Meditation und Handeln aus dem Weg räumen. Sie bringen Klarheit und einen Strom von Segnungen.

Diese beschränkte Auflage stellt keine vollkommene und endgültige deutsche Übersetzung der Unterweisungen dar; die Leser sollten sich bewusst sein, dass es sich hierbei nur um eine überarbeitete Version der Simultanübersetzung (der mündlichen Übertragung) handelt. Für Schüler in Asien und für die diejenigen, die sich für vergleichende Studien interessieren, möchte ich in der Zukunft das tibetische Original zusammenstellen.

Der vorliegende Text setzt sich aus Unterweisungen zusammen, die S. H. Dudjom Rinpoche bei drei Gelegenheiten (in Hongkong, London und New York) gab. Trotz der eben beschriebenen Einschränkungen glaube ich, dass die Zeit gekommen ist, um sie nun verfügbar zu machen.

Ich möchte folgenden Personen für ihre Hilfe danken: neben dem Verleger vor allem Claudia Wellnitz für die Übersetzung ins Deutsche; John und Diana Stanley, die den Kommentar zum Berg-Retreat zusammengestellt und überarbeitet haben; Gretchen Groth für das Korrekturlesen; und Nancy Nichols, die uns am Anfang unserer Arbeit beim Tippen und bei der Übertragung auf Computer geholfen hat. Mögen diese kostbaren Dzogpa-Chenpo-Unterweisungen all jenen Glück bringen, die mit ihnen in Kontakt kommen.

Ich möchte diesen Text all unseren Eltern-Wesen widmen. Mögen sie nie von der Weisheit und den Methoden des Lotusgeborenen Guru getrennt sein. Möge das große Werk Seiner Heiligkeit für alle Ewigkeit bestehen und zum universellen Wohl beitragen.

S. E. Shenpen Dawa Rinpoche

Dordogne, Juni 1993

Die Klausur auf dem Berge

GRUNDTEXT

Die Quintessenz der Errungenschaften extrahieren

Mündliche Anweisungen für die Praxis des »Berg-Retreats«,
auf leicht verständliche und direkte Weise erklärt
in ihrer fundamentalen Unverhülltheit

Von Seine Heiligkeit Dudjom Rinpoche

(Dudjom Jigdrel Yeshe Dorje)

Voller Verehrung nehme ich Zuflucht
und werfe mich zu deinen Füßen nieder,
glorreicher und edler Lama von unvergleichlicher Güte!

Möge durch deinen Segen schnell ein völlig unverfälschtes Verständnis des tiefgründigen Pfades in meinem Geist und in dem meiner Schüler entstehen. Mögen wir noch in diesem Leben die ursprüngliche Festung des Dharmakaya[1] erlangen!

Infolge ihrer Bemühungen in vergangenen Leben und ihrem eigenen reinen Karma haben einige vom Glück begünstigte Wesen volles Vertrauen in das tiefe und geheime Dzogpa Chenpo gewonnen und in den Lama[2], der es darlegt, und sie haben den Wunsch, ihre Praxis zu Ende zu führen. Hier ist eine Eingangspforte für alle diese vom Glück gesegneten Wesen: die unabdingbare Berg-Retreat-Unterweisungen, die die Praxis der geheimsten Großen Vollkommenheit (Dzogchen) in ihrer fundamentalen Unverhülltheit darlegen und sie uns in leicht verständlicher Form an die Hand geben.

---

1 Das absolute Paradies des Ur-Buddhas Kuntuzangpo (skt.: *Samantabhadra*), der »Immer Gute«, der Dharmakaya-Buddha.

2 Skt.: *guru*, tib.: *lama* (*bla ma*, kurz für *bla na med pa* = höchst, unübertroffen), spiritueller Lehrer. Da diesem im Vajrayana eine besondere Bedeutung zukommt, wurde diese Bezeichnung beibehalten. A. d. H.

Es gibt drei Themen:

1. Die Grundlage

Wie man alle Verstrickungen in Verlangen und Anhaften durchschneidet, seinen Geist dem Dharma zuwendet und so das eigene Wesen reinigt.

2. Die Hauptpraxis

Wie man, nachdem man falsche Vorstellungen über Sicht, Meditation und Verhalten ausgeräumt hat, Erfahrungen mit der Praxis sammelt.

3. Die Weiterführung der Praxis im Leben

Wie man die Samayas und die Regeln rein einhält und infolgedessen alle Handlungen in diesem Leben im Einklang mit dem Dharma verrichtet.

1. Die Grundlage

Wie man alle Verstrickungen in Verlangen und Anhaften durchschneidet, seinen Geist dem Dharma zuwendet und so das eigene Wesen reinigt.

Kyema! Unser Geist, d.h. das, was mal klares Gewahrsein ist, mal trüber Tumult, trat von jeher gleichzeitig mit Kuntuzangpo in Erscheinung. Kuntuzangpo ist frei, denn er erkennt alles als sich selbst.[3] Wir Lebewesen dagegen irren im endlosen Samsara umher, da wir unsere wahre Natur nicht verstehen.

In den sechs Bereichen haben wir zahllose Formen angenommen, und all unser Tun war bedeutungslos. Wir haben nun diese menschliche Gestalt – eine Gelegenheit, die es nur einmal in einer Unzahl von Leben gibt. Wenn wir jetzt nicht die einzige Methode praktizieren, mit der wir die Geburt in den niederen Bereichen des Samsara vermeiden können, können wir nicht sicher sein, wo wir nach dem Tode wiedergeboren werden. Doch ganz gleich, in welchem der sechs Bereiche wir geboren werden – überall gibt es nichts als Leiden.

Aber diese menschliche Gestalt allein reicht nicht aus. Da der Tod jederzeit kommen kann, müssen wir jetzt mit einer ernsthaf-

---

3 Der tibetische Ausdruck *Rangdu Khyen* heißt wörtlich übersetzt: »erkennt als sich selbst«. Gewahrsein, ursprüngliche Weisheit, ist frei von jeglicher Vorstellung der Dualität zwischen selbst und anderem und erkennt alle Dinge als Aspekte seiner eigenen Natur.

ten und echten Dharma-Praxis beginnen. Wenn der Tod kommt, sollten wir frei von Bedauern oder Selbstvorwürfen sein – so wie Jetsun Milarepa, der sagte:

> *»Meine, Milarepas Dharma-Tradition ist so,*
> *dass sich niemand seiner selbst zu schämen braucht.«*

Beginnen wir dann mit der Praxis des Dharma, so genügt es nicht, sich nach außen hin entsprechend zu verhalten. Wir müssen alle Bindungen an angenehme Objekte durchschneiden und jedes nur auf dieses Leben beschränkte Handeln aufgeben. Wenn wir dies nicht tun und die Praxis des Dharma nur halbherzig mit einem unbeständigen, zögerlichen Geist beginnen, der immer noch an Dingen wie Heimat, Geld, Besitz, Familie und Freunden festhält, wird unser anhaftender Geist zur Hauptursache und werden die jeweiligen Objekte der Anhaftung zu mitwirkenden Ursachen. Mara bringt diese beiden zusammen, und so entsteht ein Hindernis. Einmal mehr in gewöhnlicher Weltlichkeit verwickelt, entfernen wir uns von unserer Bestimmung.

Wir sollten uns also weniger um Nahrung, Kleidung und bloßes Gerede kümmern, sondern ohne Anhaftung an die acht weltlichen Angelegenheiten[4] unseren Geist einsgerichtet dem Dharma zuwenden. Seid wie Gyalwa Yangonpa, der sagte:

> *An einem einsamen Ort – den Todesgedanken fest im Herzen verankert,*
> *Steckt der Einsiedler, der Anhaftungen verabscheut,*

---

4 Die acht weltlichen Angelegenheiten oder Dharmas sind: Hoffen auf Gewinn und Angst vor Verlust; Hoffen auf Freude und Angst vor Leiden; Hoffen auf Ruhm und Angst vor Unbedeutendheit; Hoffen auf Lob und Angst vor Tadel.

Die Grenzen seines Retreats ab, indem er die Gedanken an dieses Leben aufgibt,
Und begegnet den acht weltlichen Dharmas nicht.

Vermischen wir den heiligen Dharma dagegen mit den acht weltlichen Dharmas, ist es, als nähmen wir mit Gift versetztes Essen zu uns – es bringt große Gefahren mit sich. Die acht weltlichen Dharmas kann man zusammenfassen als Hoffnung und Zweifel, also im Wesentlichen auf Anhaftung und Abneigung. Innerlich sind sie Anhaftung und Abneigung, äußerlich erscheinen sie in Gestalt der dämonischer Kräfte (*Gyalpo* und *Senmo*). Solange ihr euch nicht von Anhaftung und Abneigung befreit habt, könnt ihr den Gyalpo und Senmo nicht entkommen, und die Hindernisse werden kein Ende nehmen. Prüft daher immer wieder, ob die acht weltlichen Dharmas und das Verlangen nach den Dingen dieses Lebens irgendwo versteckt in den Schlupfwinkeln eures Geistes lauern. Ist dies so, konzentriert euch darauf, diese Fehler hinter euch zu lassen. Es ist völlig verkehrt, die acht weltlichen Dharmas weiter zu verfolgen und nach außen hin eine spirituelle Erscheinung an den Tag zu legen, und mit solch einem Betrug womöglich auch noch seinen Lebensunterhalt zu verdienen.

Es heißt: »Hat man seine Heimat verlassen, ist die Hälfte des Dharma bereits verwirklicht.« Sagt daher eurer Heimat Lebewohl und wandert in unbekannten Ländern umher, ohne ein festes Ziel. Verabschiedet euch im Guten von Freunden und Verwandten und schenkt jenen keine Beachtung, die euch von eurer Dharma-Praxis abhalten wollen. Gebt euer Geld und euren Besitz her und bestreitet euren Lebensunterhalt durch Almosen.

Betrachtet alle angenehmen Dinge als Hindernisse, die zu schlechten Gewohnheiten führen. So entwickelt ihr einen Geist der frei ist von Gier. Gebt ihr euch nicht mit Wenigem zufrieden, dann verlangt es euch, sobald ihr eine Sache in euren Besitz gebracht habt, nach der nächsten. Dann greifen Maras Verführungskünste. Nehmt weder das Gute noch das Schlechte ernst, das die Leute über euch reden; streitet nichts ab und bestätigt nichts, seid ohne Hoffnung und Zweifel. Lasst sie reden, was sie wollen – als sprächen sie über jemanden, der längst tot und begraben ist!

Folgt niemandem außer einem qualifizierten Lama. Nicht einmal eure wohlmeinenden Eltern können euch richtig anleiten. Erkennt eure Grenzen, überschätzt euch nicht. Übernehmt deshalb selber die Kontrolle über Eure Handlungen, erlaubt niemand anderem, Euch an der Nase herumzuführen. Pflegt eine tolerante und offene Haltung anderen gegenüber; verhaltet euch rücksichtsvoll und versteht es, harmonisch mit allen zurechtzukommen und niemanden vor den Kopf zu stoßen. Wenn euch jedoch jemand – ob ranghöher oder -niedriger als ihr – an eurer Praxis hindern will, solltet ihr so unerschütterlich sein wie ein Eisenbrocken, den jemand mit einem Seidenschal wegziehen will. Nichts geht, wenn ihr ein schwacher Charakter seid, dessen Kopf sich dahin neigt wohin der Wind weht, wie das Gras am Bergpass. Von Anfang an müsst ihr eure Praxis genauso weiterführen, wie ihr es ursprünglich vorhattet, und sie zu Ende bringen – selbst wenn von oben Blitz und Donner kommen, plötzlich ein ganzer See von unten hochschießt, Felsbrocken von allen Seiten auf euch fallen – gemäß dem Schwur, euer Versprechen nicht zu brechen, egal was passiert und sollte es euer Leben kosten.

Gleich von Anfang an, gewöhnt euch immer mehr an einen festen Rhythmus mit Zeiten für Praxis, Schlaf, Essen und Pausen, der keine schlechten Gewohnheiten sich einschleichen lässt. Ganz gleich ob eure Praxis kompliziert oder einfach ist, lasst keine Unregelmäßigkeit bei eurer Übung aufkommen. Praktiziert ohne Unterbrechungen, gleichmäßig und ohne einen einzigen

Augenblick zu verschwenden, und dem Gewöhnlichen solltest du nicht eine Sekunde lang Raum geben.

Während des Retreats sollte der Eingang mit Lehm versiegelt werden; falls dies nicht der Fall ist, müsst ihr Begegnungen mit anderen Menschen vermeiden, dürft ihr euer Schweigen nicht brechen und nicht nach irgendwelchen Aktivitäten Ausschau halten. Lasst euren rastlos schweifenden Geist zur Ruhe kommen, atmet die verbrauchte Luft aus und nehmt die richtige Körperhaltung ein. Der Geist sollte so fest im klaren Gewahrsein verankert sein wie ein Pfahl in der Erde; lasst euch keinen Augenblick davon ablenken. Ein streng eingehaltenes äußeres, inneres und geheimes Retreat[5] wird rasch alle Anzeichen und alle guten Eigenschaften hervorbringen.

Vielleicht trefft ihr euch aus einem wichtigen Grund mit jemandem, sprecht dann mit ihm und denkt: »Ab jetzt halte ich mich strikt an die Regeln.« Durch solche Überschreitungen wird die Intensität und Kraft eurer Praxis schwinden – sie wird dadurch immer lockerer, schlaffer und nachlässiger. Entschließt ihr euch dagegen von Anfang an, euren Platz niemals zu verlassen und allmählich immer strenger zu üben, kann eure Praxis nicht durch Hindernisse hinweggefegt werden.

Es gibt viele Beschreibungen der besonderen Merkmale eines Retreat-Ortes. Ganz allgemein ist jeder Ort geeignet, den die Siddhas[6] der Vergangenheit, zum Beispiel Guru Rinpoche, durch ihre Anwesenheit gesegnet haben, und der zur Zeit nicht in den

---

5 »Äußeres Retreat« bedeutet die Einsiedelei nicht zu verlassen, nicht zu sprechen, sich nicht für die Außenwelt zu interessieren ect. »Inneres Retreat« bedeutet, mit Körper, Rede und Geist ohne Ablenkung bei der Praxis zu bleiben, für die man sich entschieden hat. »Geheimes Retreat« bedeutet im Gewahrsein verweilen.

6 Skt., hochverwirklichte Meister und Yogis (mit Siddhis). A.d.H.

Händen von Leuten mit widersprüchlichen *Samayas* ist, oder, wenn ihr es vorzieht, jeder völlig einsame Ort, wo günstige Bedingungen – Essen und anderes Lebensnotwendige – einfach zu beschaffen sind, ist auch gut geeignet.

Wenn ihr auf Leichenplätzen oder an anderen furchteinflößenden Orten, wo grausame Dämonen hausen, die Fähigkeit habt, die rasche Entwicklung innerer und äußerer Ursachen unter Kontrolle zu halten, wird das eure Meditation enorm voranbringen. Seid ihr jedoch nicht dazu in der Lage, werdet ihr auf noch mehr Hindernisse treffen. Wenn die Verwirklichung[7] so weit wird wie der Raum treten alle widrigen Umstände als Freunde in Erscheinung. Dann gibt es nichts Besseres, als eure geheime Praxis an solchen Leichenplätzen durchzuführen. Wenn ihr stets alles innerlich und äußerlich Unterhaltsame loslasst, dann ist das Verweilen im Nicht-Handeln, die wahrhafte Einsiedelei.

Die eigentliche Läuterung und Wandlung eures Wesens wird in den gewöhnlichen vorbereitenden Übungen durch die vier »Gedanken, die Abscheu vor Samsara hervorbringen«[8] und in den besonderen vorbereitenden Übungen durch die Zufluchtnahme, das Erzeugen von Bodhicitta[9], das Bereinigen der Verblendungen und Schleier sowie das Ansammeln von Verdienst

---

7 »Verwirklichung« (skt.: *siddhi*) bezeichnet Einsichten und Kräfte, die man durch die Dharma-Praxis erlangt. Gewöhnliche Verwirklichungen sind besondere Kräfte wie z.B. Hellsehen, Fliegen, Telepathie; außergewöhnliche Verwirklichungen sind z.B. die direkte Einsicht in die Wirklichkeit und die Erleuchtung. A.d.Ü.

8 Die vier Veränderungen des Geistes entstehen durch Kontemplation über die Kostbarkeit und Seltenheit des menschlichen Körpers, die Unbeständigkeit aller Dinge, das unvermeidliche Gesetz von Ursache und Wirkung und die Unzulänglichkeiten und Leiden von Samsara.

9 Skt., der mitfühlende Wunsch zum Wohle Aller Erleuchtung zu erlangen. A.d.H.

und Weisheit bewirkt. Praktiziert diese Übungen, so wie es in den Kommentaren erklärt wird, bis sie zu eurer eigenen Erfahrung werden.

Legt all eure Kraft in das vortreffliche Guru-Yoga und haltet daran fest als Leben und Herz der Praxis.[10] Tut ihr das nicht, wird sich eure Meditation sehr schleppend fortentwickeln. Sie macht dann vielleicht kleine Fortschritte, aber sie wird sehr verletzbar durch Hindernisse sein und wirkliches Verständnis kann nicht in eurem Geist geboren werden. Ruft den Lama inbrünstig und mit ungekünstelter Hingabe an, dann wird der Weisheits-Geist des Lamas direkt übertragen und eine einzigartige, in Worten unausdrückbare Verwirklichung wird von innen heraus entstehen. Lama Schang Rinpoche sagte:

> *»Stille, Erfahrungen und tiefe Konzentration zu hegen und pflegen – das sind gewöhnliche Dinge. Selten ist jedoch die durch den Segen des Lamas aus dem Inneren geborene Verwirklichung, die durch die Kraft der Hingabe in Erscheinung tritt.«*

Ob ihr das Wesen der Großen Vollendung versteht und verwirklicht oder nicht, hängt von diesen vorbereitenden Übungen ab. Das meinte Je Drigung, als er sagte:

> *»In anderen Lehren wird die Hauptpraxis als tiefgründig bezeichnet; hier aber betrachten wir die vorbereitenden Übungen als tiefgründig.«*

---

10 Das Guru-Yoga (tib.: *lamai naljor*), wörtlich: die Vereinigung mit der [fundamentalen] Natur [des Geistes] des Gurus, ist nicht nur die Essenz der vorbereitenden Übungen sondern jeglicher Praxis.

2. Die Hauptpraxis

Wie man, nachdem man falsche Vorstellungen über Sicht, Meditation und Verhalten ausgeräumt hat, Erfahrungen mit der Praxis sammelt.

Zunächst die Sicht, das Erkennen der absoluten Natur.

Die Natur unseres Geistes ist die Natur der absoluten Wirklichkeit. Befreit von allen Konzepten und Gewohnheitsmustern des Intellekts, zeigt sich diese Natur zweifelsfrei im Gewahrsein (*Rigpa*[11]). Rigpa tritt unverhüllt als unmittelbare (selbsterzeugte) ursprüngliche Weisheit hervor. Dieses Gewahrsein kann man nicht mit Worten beschreiben oder an Beispielen zeigen. Im Samsara wird es nicht schlechter, im Nirvana nicht besser. Es wurde nie geboren und wird niemals aufhören; es wird weder befreit noch unterliegt es der Täuschung; es ist weder existent noch nicht existent; es ist unbegrenzt und lässt sich nicht einordnen.[12] Kurz gesagt: Seit Anbeginn hat Rigpa nie als substanzielle Entität mit bestimmten Merkmalen existiert, seine

---

[11] Gewahrsein, Bewusstheit, Kenntnis. Da es sich nicht um gewöhnliches dualistisches Gewahrsein von »Etwas« handelt, sondern um ein alles-transzendierendes Gewahrsein, untrennbar verbunden mit der Kenntnis der Natur aller Erscheinungen und von sich selbst, wurde größtenteils der tibetische Begriff *Rigpa* (*rig pa*) beibehalten. A.d.H.

[12] Gewahrsein, Rigpa, ist weder an Samsara noch an Nirvana gebunden, noch nimmt es eine Richtung an oder verfällt einem dieser zwei Extreme. A.d.H.

Natur ist von Anfang an rein, leer und allumfassend. Die Strahlkraft dieser »leeren Nichtsheit« (Leerheit, skt.: *śūnyatā*) bricht ungehindert hervor und so erscheint der Ocean der Phänomene von Samsara und Nirvana von selbst, der Sonne und deren Strahlen gleich. Rigpa ist daher kein bloßes Nichts, keine nihilistische Leere. Der natürliche Ausdruck von Rigpa ist ursprüngliche Weisheit, deren Eigenschaften unermesslich und von sich aus[13] vollkommen sind.

In Rigpa sind Erscheinung und Leerheit untrennbar eins, es ist der natürliche Herrscher der drei Kayas[14] und die natürliche Seinsweise des ursprünglichen Zustands. Das genau so zu erkennen, wie es ist, ist die Sicht der Großen Vollendung. Der große Meister Padmasambhava drückte es so aus:

»Der Dharmakaya, jenseits des Denkens, ist die Natur selbst.«

Wie wunderbar, dass wir Kuntuzangpos Geist so direkt in den Händen halten!

Das ist die eigentliche Essenz der 6.400.000 Tantras der Großen Vollendung, die wiederum die letztendliche Bedeutung der 84.000 Abschnitte der Lehren des Buddha wiedergeben. Man kann keinen Millimeter darüber hinausgehen. Diesem gemäß sollten alle Phänomene letztlich verstanden werden.

---

13 Tib.: *lhundrup* (*lhun grub*), wörtlich: von Natur aus vorhanden, wie Öl in einem Samenkorn.

14 Die drei »Körper« eines Buddhas, skt.: *trikāya*, tib.: *ku sum* (*sku gsum*): *dharmakāya*, tib.: *chö ku* (*chos sku*), der Wahrheits- oder absolute Körper; *saṃbhogakāya*; tib.: *longku* (*longs sku*), der freudvolle Körper oder die Dimension der vollständigen Freude; *nirmāṇakāya*; tib.: *tulku* (*sprul sku*), der manifeste Körper oder die Dimension der unaufhörlichen Manifestation. Die Definition der drei Kayas variiert entsprechend der Stufen und Klassen entsprechend dem Verständnis der Schüler. A.d.H.

Wenn alle Zweifel und falschen Vorstellungen bezüglich der Sicht von innen heraus beseitigt sind, wird das beständige Verweilen in dieser Sicht Meditation genannt.

Alle anderen Meditationen, die auf Ziele ausgerichtet sind, sind durch Gedanken ersonnene verstandesmäßige Meditationen. Wir tun nichts dergleichen.

Bleibt standhaft und fest in der Sicht, bleibt frei, belasst alle Wahrnehmungen der fünf Sinne in ihrem natürlichen Zustand. Meditiert nicht über etwas Bestimmtes, indem ihr denkt: »Dies ist dies und das ist das«. Wenn ihr »meditiert«, ist das der Verstand. Es gibt nichts, worüber man meditieren muss. Lasst euch nicht den Bruchteil einer Sekunde ablenken. Denn abgelenkt sein vom Ruhen im Gewahrsein selbst bedeutet bereits Verblendung. Seid daher nicht zerstreut! Gleich welche Gedanken entstehen, lasst sie entstehen; verfolgt sie nicht und versucht nicht, sie anzuhalten.

Vielleicht fragt ihr jetzt: »Was sollen wir dann tun?« Bleibt in einem Zustand natürlicher Frische bei allem, was sich in der Welt der Phänomene manifestiert, ohne danach zu greifen, wie ein kleines Kind, das einen schön geschmückten Tempel anschaut. Wenn ihr es so macht, dann bleiben alle Phänomene an ihrem Platz, verändert sich ihr Aussehen nicht, wechseln ihre Farbe nicht und ihr Strahlen schwindet nicht. Wenn ihr die Welt der Erscheinungen durch Begehren und Anhaften nicht infiziert, dann ist sie zwar da, aber alle Erscheinungen und Gedanken werden sich erweisen als die unverhüllte, ursprüngliche Weisheit der strahlenden Leerheit.

Menschen mit schmalem Verstand, sind leicht von der Vielzahl der Belehrungen verwirrt, die alle als äußerst tiefgründig und sehr umfassend bezeichnet werden. Wenn es also darum geht, die Quintessenz aus all diesen Belehrungen aufzuzeigen, so könnte man sagen:

Wenn vergangene Gedanken vorbei sind und zukünftige noch nicht entstanden: Gibt es in diesem Zwischenraum nicht eine Wahrnehmung des gegenwärtigen Augenblicks, eine unberührte, ursprüngliche, klare, wache und unverhüllte Frische, die sich nie auch nur um einen Haaresbreite verändert hat? Ja, genau das ist Rigpa.

Man verweilt jedoch nicht für immer in diesem Zustand. Entsteht da nicht plötzlich wieder ein Gedanke? Das ist die Manifestation von Rigpa selbst. Erkennt ihr den Gedanken jedoch nicht im Augenblick seines Entstehens als solchen, wird er zu gewöhnlichem Denken. Das nennt man die »Kette der Verblendung«, die Wurzel von Samsara.

Wenn ihr die Natur der Gedanken einfach erkennt, sobald sie entstehen, dann erscheinen diese ohne sich selber weiter auszubreiten. Indem ihr sie frei sich selbst überlasst, dann werden alle aufkommenden Gedanken unmittelbar in der Weite des Dharmakaya-Gewahrseins befreit. Dies ist bereits die Hauptpraxis, in der Sicht und Meditation des Trekchö[15] verbunden werden. Garab Dorje sagte:

> *»Wenn das Gewahrsein plötzlich aus dem natürlichen Zustand der ursprünglichen reinen Weite hervortritt und man dies unmittelbar erkennt, dann ist es, als fände man einen Edelstein in den Tiefen des Ozeans. Das ist der Dharmakaya, der von niemand ausgedacht oder gemacht wurde!«*

---

15 Trekchö (*khregs chod*), »die Festigkeit des Geistes durchschneiden« (oder »die scheinbare Substanzhaftigkeit des Geistes hinter sich lassen« A.d.H.).

Geht dem mit aller Kraft nach, Tag und Nacht und ohne Ablenkung. Belasst die Leerheit nicht im Bereich bloßer Theorie, sondern bringt alles zum Gewahrsein selbst zurück.

Als nächstes betrachten wir, wie man die Meditation verbessert, indem man sie in das Handeln integriert und Erfahrungen mit der Praxis sammelt.

Wie oben erklärt: Das Wichtigste ist die tiefe Hingabe zum Lama. Seht ihn stets als den wirklichen Buddha und ruft ihn in tiefer Hingabe an. Das ist das universelle Heilmittel: Es räumt weit wirkungsvoller als alle anderen Methoden die Hindernisse aus dem Weg und ermöglicht die Verwirklichungen. Auf diese Weise nehmt ihr die Stufen und Pfade mit großem Schwung.

Was Fehler und Fallen bei der Meditation betrifft: Geratet ihr beim Meditieren unter den Einfluss des »Absinkens« und verfallt in einen dumpfen Zustand, dann müsst ihr euer waches Gewahrsein wieder auffrischen. Seid ihr in der Meditation zerstreut, wild und aufgeregt, müsst ihr eure Wahrnehmung tief innen entkrampfen. Dabei geht es nicht um ein vom Willen gesteuertes, erzwungenes Zurückbringen des Geistes mittels der üblichen Achtsamkeitsmeditation. Achtet einfach darauf, die Erkenntnis eurer wahren Natur nicht zu vergessen. Haltet dieses Gewahrsein aufrecht, beim Essen, Schlafen, Gehen, Sitzen, innerhalb und auch außerhalb der Meditationsphasen.

Welche Gedanken auch auftauchen, glückliche, schmerzliche oder negative, hofft nicht, zweifelt nicht, nehmt sie nicht an und lehnt sie nicht ab, und versucht auf keinen Fall, sie durch Gegenmittel loszuwerden. Lasst glückliche oder leidvolle Gefühle wie sie sind – in ihrer wahren Natur, unverhüllt, frisch, klar, weit und rein. Da alles auf diesen einen Punkt hinausläuft, solltet ihr euch nicht durch zu viel Nachdenken durcheinanderbringen. Entsteht ein negativer Gedanke oder ein negatives Gefühl – normalerweise etwas, was es abzulegen gilt – dann braucht ihr keine Meditation über Leerheit als Gegenmittel zu benutzen.[16] Sobald ihr der Natur dieser unerwünschten Gedanken gewahr werdet, befreien sie sich selbst, wie eine Schlange, die ihre eigenen Verknotungen löst.

Viele können über die letztendliche, geheime Bedeutung der strahlenden Vajra-Essenz reden, sie aber nicht in die Praxis umsetzen – sie plappern sie nach wie ein Papagei. Wie glücklich sind wir, sie zu praktizieren!

Es gibt noch mehr zu verstehen, was wir sorgfältig betrachten müssen. Unsere beiden Todfeinde, die uns seit anfangsloser Zeit bis in die Gegenwart im Samsara festgehalten haben, sind: das Wahrnehmende und das Wahrgenommene.[17] Da der gütige Lama uns nun in die uns innewohnende Natur des Dharmakaya eingeführt hat, verbrennen diese beiden wie Federn, ohne Überreste oder Spuren. Ist das nicht ein Grund zur Freude?

Nachdem wir nun die tiefen Anweisungen über diesen schnellen Weg erhalten haben, sollten wir sie auch in die Praxis umsetzen – sonst wäre es, als steckte man einen wunscherfüllenden Edelstein in den Mund einer Leiche. Welch eine Verschwendung! Lasst sie nicht in eurem Herzen vermodern, nehmt die Praxis auf!

---

16 Die Natur dieser Leidenschaften und Trübungen ist Leerheit. Deshalb ist es nicht nötig, als Gegenmittel, über sie zu reflektieren und eine durch den Intellekt fabrizierte konzeptuelle Leerheit überzustülpen.

17 Wörtlich: »der Greifende und das Gegriffene«; das ist die Dualität des subjektiven Geistes, welcher greift und des Objektes, nach dem gegriffen wird.

Zu Beginn suchen euch grobe und schwere Gedanken heim, und euer Geist wird ständig in Zerstreuung abschweifen. Unbemerkt werden immer mehr winzige Gedanken wuchern, bis sich nach einer Weile wieder klare Achtsamkeit einstellt und ihr traurig denkt: »Ich bin abgeschweift.« Unterbrecht dann nicht den Fluss der Gedanken und tadelt euch nicht selbst dafür, dass ihr abgelenkt wart. Verweilt einfach in klarer Achtsamkeit und haltet die Erfahrung des natürlichen Zustands. Das allein genügt.

»Weist Gedanken nicht zurück: seht sie als den Dharmakaya« so lautet eine berühmte Äußerung. Habt ihr jedoch eure Vipassana-Erfahrung noch nicht vervollkommnet und denkt »das ist der Dharmakaya«, während ihr in einer bloßen Ruhe verweilt, besteht Gefahr. Ihr könnt dann in eine formlose Gleichgültigkeit bar jeder charakteristischen Merkmale verfallen, in einen Zustand, in dem ihr nicht mehr sagen könnt, was was ist. Ihr sollt daher von Anfang an alle aufkommenden Gedanken lediglich betrachten. Analysiert sie nicht, denkt nicht über sie nach. Ruht auf dem Wahrnehmenden der Gedanken. Kümmert euch nicht um sie, nehmt sie nicht wichtig, seid wie ein alter Mann, der Kindern beim Spielen zuschaut.

Verweilt ihr so, setzt sich euer Geist in einem natürlichen, gedankenfreien Zustand zur Ruhe. Wenn dieser plötzlich zerstört wird, stellt sich augenblicklich eine Weisheit jenseits des Denkens ein, unverhüllt, frisch, lebendig und erhaben.

Während der Übung werden sich sicher Erfahrungen von Glückseligkeit, Klarheit und Gedankenfreiheit nicht vermeiden lassen; wenn ihr jedoch ohne jede Zufriedenheit, selbstgefälliger Anhaftung, Hoffnung oder Zweifel ihnen gegenüber fortfahrt, werdet ihr nicht in die Irre gehen.

Übt stets mit einsgerichteter, wacher Achtsamkeit und gebt alle Ablenkungen auf. Geratet ihr in ein bloß sporadisches Praktizieren und ein bloß theoretisches Verständnis, dann bildet ihr euch auf eure vagen Shamata-Erfahrungen etwas ein. So lange ihr eure Erfahrungen nicht sorgfältig geklärt habt, redet ihr nur klug daher; das wird völlig nutzlos sein. In den Lehren der Großen Vollendung heißt es:

> *»Theorien sind wie Flicken, eines Tages werden sie einfach abfallen« und »Erfahrungen sind wie Nebel, sie werden sich auflösen«*

Auf diese Weise geraten viele große Meditierende durch gute oder schlechte Umstände auf Abwege und laufen in die Irre. Selbst wenn die Meditation euren Geist bereits durchdrungen hat, müsst ihr sie kontinuierlich weiter pflegen; andernfalls bleiben die tiefgründigen Anweisungen nur auf den Seiten eurer Notizbücher zurück, euer Geist, euer Dharma und eure Praxis erstarren und wirkliche Meditation wird nie entstehen. Ihr »alten Meditierenden«, deren Praxis noch in den Kinderschuhen steckt, passt auf – es besteht die Gefahr, dass ihr eines traurigen Todes sterbt, mit verkrustetem Salz auf dem Kopf.

Nach stetiger Praxis über einen längeren Zeitraum, kommt eine Zeit, in der sich die Erfahrungen durch tiefe Hingabe oder andere Umstände in Verwirklichung wandeln – dann seht ihr das strahlende, unverhüllte Rigpa. Das ist, als würde euch ein Tuch vom Kopf genommen; welch beglückende Erleichterung! Das ist das höchste Sehen[18]; ihr seht, was ihr zuvor nicht gesehen habt.

---

18 »Sehen« bezieht sich hier auf die Weisheit des Gewahrseins, nicht auf die Wahrnehmungen des Sehsinnes (Farben und Formen).

Von diesem Zeitpunkt an entstehen eure Gedanken als Meditation. Ruhe und Bewegung[19] werden gleichzeitig befreit. Zunächst ist die Befreiung der Gedanken durch ihr Erkannt-Werden, wie die Begegnung mit einem alten Bekannten. Später befreien sich die Gedanken selbst, wie eine Schlange, die ihre eigenen Verknotungen löst. Schließlich gleicht die Befreiung der Gedanken einem Dieb in einem leeren Haus; die Gedanken bringen dann weder Schaden noch Gewinn. Diese drei Verwirklichungen geschehen nach und nach.

Dann reift in euch die tiefe und vollständige Erkenntnis, dass alle Phänomene nur Ausdruck eures eigenen Geistes sind. Wogen von Leerheits-Mitgefühl überkommen euch. Vorlieben für Samsara und Nirvana werden aufhören. Man wird erkennen, dass Buddhas und Lebewesen weder gut noch schlecht sind. In allem Tun, tags wie nachts in einer weiten und vollkommenen Kontinuität, wird man sich niemals mehr von der totalen Zufriedenheit der absoluten Natur wegbewegen. In den Lehren der Großen Vollendung heißt es dazu: »Verwirklichung ist unveränderlich wie der Himmel.«

Obwohl ein solcher Yogi, »vereint mit der Natur«, aussieht wie ein gewöhnlicher Mensch, verweilt sein Geist jedoch in müheloser Anschauung des Dharmakaya, und ohne etwas zu tun durchmisst er dabei mühelos alle Stufen und Pfade. Schließlich sind alle seine Gedanken und alle Phänomene zu Ende gegangen. Wie der Raum in einem zerbrochenen Gefäß sich mit dem gesamten Raum vereint, so löst sich der Körper in winzige Teilchen auf und der Geist in das Absolute. Das wird als »Verweilen im Raum des ursprünglichen Grundes« bezeichnet, »von innen strahlender jugendlicher Vasen-Körper«. So wird es sein.

---

19 Dies bezieht sich auf die beiden Aspekte des Geistes: Ruhe und Bewegung.

Das ist die Vollendung von Sicht, Meditation und Verhalten, auch »Erreichen der Frucht, die man nicht erlangen kann« genannt. Entsprechend den Fähigkeiten einer Person treten die Stadien der Erfahrung und Verwirklichung entweder in einer festen Reihenfolge nacheinander auf oder ohne feste Reihenfolge bzw. alle gleichzeitig. Aber zum Zeitpunkt der Reife gibt es keine Unterschiede mehr.

3. Die Weiterführung der Praxis im Leben[20]

Wie man die Samayas und die Regeln rein einhält und infolgedessen alle Handlungen in diesem Leben im Einklang mit dem Dharma verrichtet.

Ihr mögt vielleicht aufrichtig bemüht sein, euch Sicht, Meditation und Praxis zu Herzen zu nehmen; seid ihr aber in den Methoden auf dem Pfad des Verhaltens, die daraus folgen, unerfahren und lasst eure Gelübde und eure Samayas[21] verkommen, dann begegnen euch Störungen und Hindernisse auf den Stufen und Pfaden, und letztlich stürzt ihr mit Sicherheit in die »Avici-Hölle«[22] hinab. Seid daher stets wach und achtsam, und

---

20 Der tibetische Begriff *Jethob* heißt wörtlich »nach dem Erreichen«. Er bezieht sich auf alles, was ein/e Praktizierende/r mit Körper, Rede und Geist tut, nachdem er/sie während der Meditation ein teilweises oder vollständiges Verständnis gewonnen hat, oder »in Gleichmut verweilen« (*Nyamsha*). Allgemein ist *Jethob* also die Fortführung der Praxis im täglichen Leben, außerhalb der Meditations-Sitzungen. Im engeren Sinne bedeutet *Nyamsha*, im ursprünglichen, unveränderlichen Zustand des Gleichmuts zu verweilen, und *Jethob* bedeutet, aus diesem Zustand hervorzukommen, aber die darin gewonnene Erkenntnis aufrechtzuerhalten.

21 Skt., tib.: *Damtsig* (*dam tshig*) – Gelübde und Versprechen die im Vajrayana während Ermächtigungen gegeben werden. Sich in Harmonie mit den Samayas zu verhalten, heißt seine Samayas zu halten.

22 »Hölle ohne Pause«. A.d.H.

verwechselt niemals, was angenommen und was abgelehnt werden muss. Der große Meister Guru Padmasambhava drückte das so aus:

> *»Obgleich meine Sicht höher reicht als der Himmel, sind mein Verhalten und mein Achten auf Ursache und Wirkung feiner als Gerstenmehl.«*

Legt daher euren impulsiven, groben Geist ab und achtet bei allem, was ihr tut, sehr sorgfältig auf Ursache und Wirkung. Haltet eure Samayas und Versprechen bis in die kleinsten Einzelheiten ein und befleckt euch nicht durch Fehler und Gelübdebrüche. All die zahllosen Samayas des Vajrayana können in den Samayas von Körper, Rede und Geist des Lamas zusammengefasst werden. Wenn ihr nur einen Sekundenbruchteil lang den Lama als gewöhnlichen Menschen seht, verzögert das eure Verwirklichungen um Monate oder Jahre. Vielleicht fragt ihr, warum das so ist. Dazu heißt es: »Die Verwirklichungen des ›Vajraträgers‹ kommen ausschließlich vom Meister.«[23] Das ist ein ganz zentraler Punkt.

Wer ihr auch seid, solange ihr noch keine Bindung mit einem Lama eingegangen seid, hängt alles einzig von euch selbst ab. Habt ihr euch aber einmal auf einen Lama eingelassen, Initiationen und Unterweisungen von ihm empfangen und euch dadurch an ihn gebunden, steht es euch nicht mehr frei, zu entscheiden, ob ihr die Samayas einhalten wollt oder nicht. Am Ende der vier

---

[23] Wer die Einweihung und Erklärungen erhalten hat und damit in das Vajrayana eingetreten ist, gilt als »Vajraträger«. Für solch eine Person hängen die gewöhnlichen und außergewöhnlichen Verwirklichungen einzig von ihrer Hingabe und ihrem Vertrauen zum Lama ab. Daher betrachten wir unseren Haupt-Lama als wertvoller als selbst Buddha oder Guru Padmasambhava.

Ermächtigungen[24] verbeugt ihr euch vor dem Guru, der die Zentralfigur des Mandala ist, und sagt: »Von nun an diene ich dir. Bitte nimm mich als deinen Schüler an; ich stehe voll zu deiner Verfügung.« Gebt ihr euch mit diesem Versprechen nicht vollständig in die Hand des Lama, ganz unabhängig von eurem sonstigen gesellschaftlichen Stand oder eurer Macht? Ihr sagt auch: »Ich werde alles tun, was der Lama von mir verlangt.«

Steht es noch in eurer Macht, seine Worte zu ignorieren, wenn ihr das einmal gelobt habt? Haltet ihr euch nicht an euer eigenes Versprechen, kann man das nur »Samaya-Bruch« nennen – wie unangenehm das auch klingen mag.

Es heißt nirgendwo, dass man die Samayas gegenüber wichtigen Lamas mit einer großen Dienerschaft, Reichtum, Macht und Wohlstand rein einhalten sollte, dass aber bei bescheidenen oder weniger bekannten Lamas, zum Beispiel bei einem Bettler-Yogi, nicht nötig wäre. Ihr müsst auf jeden Fall die Vorteile und Gefahren erkennen – das ist ein ganz entscheidender Punkt. Sich einfach dumm stellen wie ein altes Pferd, nützt nichts. Wem nützt es, wenn ihr die Samayas einhaltet, dem Lama oder euch selbst? Bedenkt das eingehend und sorgfältig, wie jemand, der gewissenhaft Arzneien in einem Mörser zerstößt. Nützt es nur dem Lama, könnt ihr es sofort vergessen; ist es aber nicht so, dann gibt es keine Veranlassung, Asche auf euer Haupt zu streuen.

Allgemein beinhaltet der Samaya mit euren Vajra-Brüdern und -Schwestern, dass ihr alle achtet, die sich auf den Weg des Buddhadharma begeben haben und euch darin übt, alles als rein zu betrachten. Gebt jede Kritik und sektiererische Unterschei-

---

24 Ermächtigung, tib.: *wang* (*dbang*), bezeichnet die Übertragung der Weisheits-Energie einer Gottheit vom Lehrer auf den Schüler, ein Ritual, durch das der Schüler in das Mandala der Gottheit eingeführt wird. A.d.Ü.

dung zwischen den verschiedenen Schulen auf. Vajra-Brüder und -Schwestern im engeren Sinne sind alle, die den gleichen Lama und das gleiche Mandala haben. Vermeidet Geringschätzigkeit, Konkurrenzdenken, Neid und Falschheit ihnen gegenüber, und seid ihnen von ganzem Herzen als euren engen Freunden zugetan.

Ausnahmslos alle Lebewesen sind einmal unsere gütigen Eltern gewesen. Alle werden sie von den furchtbaren Leiden Samsaras gequält, aus denen es kein Entrinnen gibt. O weh! Beschütze ich sie nicht, wer wird es dann tun? Lasst euch von diesem unerträglichen Gedanken anspornen und übt euren Geist darin, Mitgefühl aufrechtzuerhalten und zu stärken. Tut alles, was ihr mit Körper, Rede und Geist erreichen könnt, um anderen von Nutzen zu sein und widmet ihnen alles Verdienst.

Es gibt nur drei Dinge, die ihr immer im Sinn behalten müsst: den Dharma, den Lama und die Lebewesen. Euer Handeln darf euren Absichten nicht zuwiderlaufen. Konkurriert nicht mit anderen, die ihrer äußeren Aufmachung oder ihren Namen nach Yogis oder Mönche zu sein scheinen. Schweigt still und zähmt euren Geist. Das ist entscheidend – macht euch nicht zum Narren!

Denkt ihr über euer eigenes Wohlergehen in zukünftigen Leben nach, wird es klar: Ihr selbst müsst den Dharma praktizieren. Vielleicht hofft ihr, dass andere Leute nach eurem Tode Heilsames für euch tun, aber das kann sich als schwierig oder nutzlos herausstellen. Richtet daher euren Geist nach innen: Schafft die Grundlage, indem ihr tiefen Widerwillen gegen weltliche Aktivitäten entwickelt und euch fest dazu entschließt, euer Leben und eure Sadhana eins werden zu lassen. Das Entscheidende ist: Nehmt euch eure Praxis der tiefgründigen Sicht und Meditation zu Herzen. Handelt dann, ohne es durcheinander zu bringen, was es bei der Einhaltung eurer Samayas, der Versprechen und

Gelübde, abzulehnen und was es anzunehmen gilt. Als Ergebnis werden sich die guten Eigenschaften einfach in eurem Inneren entwickeln, sie haben gar keine andere Wahl. So ist die Große Vollendung der Pfad, auf dem sogar Sünder schnell Buddhas werden können.

Die große Tiefe dieses Dharmas bringt Hindernisse mit sich, wie auch sonst großer Gewinn mit großen Gefahren verbunden ist.[25] Das ist so, weil durch die Kraft dieser Unterweisungen all euer in vergangenen Leben angesammeltes schlechtes Karma sich nach außen hin als Hindernisse und als von Mara geschaffene Erscheinungen zeigen wird, etwa so:

- Am Ort eurer Praxis zeigen sich Geister und rufen euch bei eurem Namen.
- Sie verkleiden sich als euer Lama und machen Weissagungen.
- Alle möglichen erschreckenden Halluzinationen tauchen in eurer inneren Erfahrung, in euren Gedanken und Träumen auf.
- Vielleicht werdet ihr auch tatsächlich körperlich angegriffen oder beraubt; oder ihr werdet krank; oder ihr geratet in andere unerwartete Gefahren.
- Seelisch erfahrt ihr ohne jeden Grund tiefes Leiden und Traurigkeit, so dass ihr in Tränen ausbrechen möchtet.
- Schlimme Gedanken steigen in euch auf,
- Während gleichzeitig tiefe Hingabe und der Wunsch nach Erleuchtung und Mitgefühl verfallen.
- Ihr beginnt, überall Feindseligkeit zu wittern und werdet dadurch fast verrückt;
- Hilfreiche Ratschläge deutet ihr falsch.

---

[25] Wie ein Diamant auf dem Kopf einer Schlange.

- Ihr sehnt euch danach, euer Retreat abzubrechen, und seid in Versuchung, euer Versprechen für nichtig zu erklären.
- Ihr entwickelt falsche Sichtweisen über den Lama und zweifelt am Dharma.
- Ihr seht euch unzutreffenden Anschuldigungen ausgesetzt.
- Euer guter Ruf erleidet Schaden und
- Gute Freunde werden zu Feinden und so weiter.

Alle diese verschiedenartigen unerwünschten Umstände können auftreten, außen und innen.

Ho! Das alles sind Prüfsteine, erkennt sie als solche! Hier verläuft die Grenze zwischen Nutzen und Gefahr. Könnt ihr mit diesen Hindernissen zurechtkommen, indem ihr die Kernpunkte der Praxis anwendet, dann verwandeln sie sich in Verwirklichungen. Überwältigen sie euch aber, werden sie zu Hindernissen auf eurem Weg.

Haltet in solchen Situationen eure Samayas rein und vertraut eurem Lama mit unerschütterlicher Hingabe.[26] Gebt euer Herz in seine Hände, ruft ihn an und vertraut ihm in all seinem Tun. Heißt ihr schwierige Umstände willkommen und fahrt entschlossen mit eurer Praxis fort, dann fallen die Umstände nach einer Weile in sich zusammen, und eure Praxis wird Fortschritte machen. Die Erscheinungen werden immer scheinhafter, wie Nebel. Euer Vertrauen in den Lama und seine Unterweisungen wird dann tiefer als je zuvor. Sollten diese Dinge nochmals geschehen, fühlt ihr euch sehr sicher und denkt: »Das ist in Ordnung!« Ho! Das ist der Schlüssel zu allem. Könnt ihr alle Umstände in den Pfad integrieren, habt ihr die kritischen Punkte im Griff. Alala!

---

26 Hier heißt es wörtlich: ohne zwischen Spannung und Schlaffheit abzuwechseln – wie eine richtig gespannte Bogensehne – deren Spannung gleich ist, über die ganze Länge.

Das genau wollen wir alten Väter. Seid also nicht wie ein Schakal, der sich einer menschlichen Leiche nähert und sie fressen möchte, dessen Flanken aber vor Angst beben. Entwickelt einen starken Geist!

Es gibt Leute, die wenig Verdienst angesammelt haben, beim Einhalten ihrer Samayas und ihrer Gelübde sehr nachlässig sind, eine Menge falscher Ansichten und viele Zweifel haben und die viel versprechen und wenig einhalten. Solche Leute, deren Herzen wie Fürze stinken, bitten den Lama um Unterweisungen, nur um diese nachher auf ihren Bücherregalen Staub ansammeln zu lassen. Sie packen ungünstige Umstände fest bei der Hand und folgen ihnen; Mara hat leichtes Spiel, ihre schwachen Stellen zu finden und sie in die unteren Bereiche hinabzuziehen. Alas! Bittet den Lama, dass euch so etwas nicht passiert.

Es ist noch vergleichsweise leicht, mit widrigen Umständen auf dem Pfad umzugehen; gute Umstände bereiten viel größere Schwierigkeiten. Es besteht dann die Gefahr, dass ihr glaubt, hohe Verwirklichungen erreicht zu haben, und euch ganz darauf konzentriert, in diesem Leben Großes zu erreichen. Seid äußerst vorsichtig, sonst werdet ihr zum Diener Maras, des Dämons der Zerstreutheit! Ihr müsst das als den Scheideweg erkennen, wo es entweder nach oben oder nach unten geht; das ist der Prüfstein für große Meditierende.

Solange sich eure inneren Erkenntnisse noch nicht auf vollkommene Weise in äußeren guten Eigenschaften ausdrücken, ist es falsch mit jemandem über eure Erfahrungen zu sprechen. Schweigt lieber. Prahlt auch nicht damit, wie viele Jahre oder Monate ihr im Retreat verbracht habt, sondern praktiziert ernsthaft euer ganzes Leben lang. Seht nicht auf die relative Wahrheit und das Ansammeln von Verdienst durch Ursache und Wirkung herab und betrügt euch nicht mit bloßem Reden über die Leerheit.

Die dörflichen Rituale zur Unterwerfung von Dämonen usw. werden nur ausgeführt, um Essen zu bekommen, bleibt also nicht zu lange an geschäftigen Orten. Reduziert sinnloses Handeln, unnötiges Gerede und nutzlose Gedanken. Haltet andere nicht durch Täuschung und Betrügerei zum Narren, denn dies widerspricht dem Dharma. Verschafft euch euren Lebensunterhalt nicht auf falsche Weise durch indirekte Bitten und Schmeicheleien, aus dem Verlangen nach begehrenswerten Dingen. Vermeidet die Gesellschaft von Leuten, die Schlechtes tun oder deren Ansichten und Handlungen nicht mit den euren im Einklang stehen. Gebt eure eigenen Schwächen zu und sprecht nicht über die verborgenen Fehler anderer.

Alle Arten des Rauchens werden als »Machenschaft der Samaya-brechenden Dämonen« bezeichnet, gebt es deshalb aus ganzem Herzen auf. Wein sollte man als ein Samaya-Element einnehmen, sich jedoch nicht ohne Kontrolle in einen Rausch trinken.

Einige Leute respektieren euch und behandeln euch gut, andere haben eine Abneigung gegen euch und behandeln euch schlecht, sie reden vielleicht schlecht über euch und machen euch Schwierigkeiten. Ohne euch darum zu kümmern, ob sie eine gute oder schlechte Beziehung zu euch haben – nehmt alle diese Beziehungen mit auf dem Pfad und akzeptiert alle mit reinen und guten Wünschen. Habt innerlich immer einen beflügelten Geist und verliert nicht den Mut; und verhaltet euch äußerlich, auf dem Pfad des Handelns, immer bescheiden und demütig. Tragt abgetragene Kleidung. Stellt alle über euch, ob sie gut, schlecht oder neutral sind. Lebt sparsam, bleibt stetig in euer Berg-Einsiedelei und stellt euch auf die Lebensumstände eines Bettlers ein.

Nehmt euch am Leben und an der vollkommenen Befreiung der Siddhas früherer Zeiten ein Beispiel. Schiebt eurem Karma aus der Vergangenheit nicht die Schuld zu, praktiziert den Dharma fehlerlos und vollkommen. Macht nicht die Umstände verantwortlich, sondern bleibt standhaft, gleich was geschieht. Kurz gesagt: Nehmt euren eigenen Geist zum Zeugen und widmet dieses menschliche Leben dem Dharma. In eurer Todesstunde solltet ihr nicht von Gedanken an Versäumtes belastet sein und euch nicht schämen müssen. Das ist der wesentliche Punkt jeder Praxis.

Verschenkt alle eure Besitztümer, wenn es ans Sterben geht. Haftet dabei nicht einmal an einer Nadel. Die besten Praktizierenden sind in ihrer Todesstunde fröhlich, mittlere Praktizierende machen sich um nichts Sorgen, und gewöhnliche Praktizierende fühlen keinerlei Bedauern.

Scheint das strahlende Licht der Verwirklichung ohne Unterlass Tag und Nacht, dann gibt es kein Bardo[27] und der Tod ist lediglich die Auflösung des Körpers. Trifft das für euch nicht zu, dann vertraut darauf, dass ihr im Bardo frei werdet, dann ist alles richtig was ihr tut. Ansonsten müsst ihr im Voraus die Bewusstseins-Übertragung üben und euch sorgfältig mit ihr vertraut machen. Wenn die Zeit gekommen ist, setzt ihr sie in die Tat um und übertragt euer Bewusstsein in das von euch gewünschte Buddhaland. Dort durchlauft ihr die restlichen Stufen und Pfade und erwacht so zur Buddhaschaft.

In unserer kostbaren Überlieferungslinie ist das keineswegs nur eine alte Geschichte aus der Vergangenheit; auch heutzutage wird durch den Pfad von Trekchö und Tögal[28] die höchste Erleuchtung erreicht und der stoffliche Körper löst sich in Regenbogenlicht auf.

---

27 Tib., »Zwischenzustand«, meist für den Zustand des Übergangs von einem Leben zum anderen benutzt; die insgesamt sechs Bardos beschreiben jeden Zustand von Leben, Sterben und Tod.

28 Tögal, tib. (*thod rgal*), »Sofortiges Überqueren«. A.d.H.

Werft solch einen kostbaren Edelstein nicht fort, nur um dann andernorts nach einem minderwertigeren zu suchen. Ihr habt unsagbar großes Glück, diese tiefgründigen Anweisungen – das Herzblut der Dakinis – gefunden zu haben! Fühlt euch beflügelt und meditiert mit Freude! Nehmt euch dieses Buch zu Herzen, meine Schüler, dann kann es euch großen Gewinn bringen.

Um die Retreat-Praxis aller Meditierenden von Omin Pema Ö ling zu fördern und auf die Bitten des eifrigen Praktizierenden Rigsang Dorje, der den Edelstein unerschütterlichen Vertrauens besitzt, hat Jigdral Yeshe Dorje dies aus vollem Herzen in der Form unverhüllter mündlicher Anweisungen gesprochen.

Möge die Weisheit der Verwirklichung augenblicklich und mit aller Macht im Geist aller vom Glück begünstigten Wesen geboren werden.

Die englische Übersetzung wurde entsprechend der wertvollen Erläuterungen von Tulku Thondup Rinpoche, Dungsey Trinley Norbu Rinpoche und Taklung Tsetrul Rinpoche und mit der sehr freundlichen Hilfe vieler Vajra-Brüder und Schwestern vorgenommen. Sollte in dieser Veröffentlichung ein Verdienst enthalten sein, so möge es dem langen Leben der Lehren und der großen Lehrer gewidmet sein, so dass den fühlenden Wesen immerfort geholfen werden möge.

Die Klausur auf dem Berge

KOMMENTAR

Von Seine Heiligkeit Dudjom Rinpoche

(Dudjom Jigdrel Yeshe Dorje)

Erster Vortrag

Einführung in die Geschichte der Dharma-Überlieferung;
1. Die Grundlage: Retreat Tagesplan; Retreat Ort; Ngöndro;
2. Die Hauptpraxis: Meditation und Leerheit

Meine vom Glück begünstigten spirituellen Freunde! Ich beginne meine Unterweisungen mit einer kurzen Einführung in die Geschichte der Dharma-Überlieferung. In diesem Universum gibt es zahllose Welten, und in diesen zahllosen Welten gibt es wiederum zahllose Lebewesen mit verschiedenen, ihrem jeweiligen Karma bedingten geistigen Fähigkeiten und Veranlagungen. Diese Wesen sind ausschließlich mit samsarischen Phänomenen beschäftigt; sie haben weder Beziehung zum weltlichen noch zum spirituellen Dharma[29]. Shakyamuni Buddha bezeichnete das gegenwärtige Zeitalter als eine Zeit des Niedergangs (skt.: *kaliyuga*). In solch einer Zeit brachte Shakyamuni Buddha seinen Mut und sein Mitgefühl allen leidenden Wesen gegenüber zum Ausdruck, indem er die besonderen Unterweisungen gab, die die Sutrayana und Vajrayana Dharma-Übertragungen umfassen.

---

29 *Dharma* (skt.) bedeutet allgemein Natur, Gesetz, Recht und Sitte. Weltlicher Dharma zielt auf weltliches Glück, wie Anerkennung, Berühmtheit ect., deswegen spricht man auch zur besseren Abgrenzung vom Buddha-Dharma, den Lehren des Buddha Shakyamuni. (Alle Fußnoten im Kommentar wurden in dieser überarbeiteten und erweiterten Neuausgabe vom Herausgeber hinzugefügt. Weitere Erläuterungen finden sich im ebenfalls neu hinzugefügtem Glossar.)

Shakyamuni Buddha übermittelte äußere, innere und geheime Lehren. Seine allgemeinen Lehren sollten das Bewusstsein gewöhnlicher Menschen zum Dharma führen; so konnten sie auf der Grundlage ihres eigenen klaren Gewahrseins verstehen, was es gemäß dem Dharma von Samsara und Nirvana anzunehmen und was es abzulegen gilt. Das Ziel seiner zwölf wunderbaren Taten war, anderen zu ermöglichen, klares Gewahrsein und erleuchtetes Handeln zu entwickeln, Unwissenheit zu vertreiben und *Bodhicitta* ganz anzunehmen. Seine verschiedenen Unterweisungen waren angepasst an die mentale Ausrichtung und Auffassungsgabe entsprechend der Fähigkeiten und Verdienste der Individuen. So ist kein Lebewesen dieses Universums von den kostbaren Dharma-Lehren ausgeschlossen.

Eines der *Yanas* ist das Ergebnis-Yana[30] (skt.: *vajrayāna*). In dieser Praxis werden nur Personen mit geeignetem, glücklichem Karma unterwiesen, deren Geist weit, scharf und beherzt ist. Solchen Wesen übermittelte Buddha die Vajrayana-Lehren, welche die Erleuchtung in einer sehr kurzen Zeit ermöglichen. Diese Praxis erfordert weniger Anstrengung, da man keine Zeit darauf verwenden muss, Äußerlichkeiten wie Verhalten, Haltung und Übung zu entwickeln. In den besonderen Vajrayana-Lehren spricht man von neun Yanas.

Die Lehre des Buddha ist deshalb so gut und tiefgründig, weil sie jedem zugänglich ist. Es ist der Zweck des Buddhadharma, dass wir Bodhicitta entwickeln, unsere eigene wahre Natur verstehen und auf dieser Grundlage zum Wohle aller Lebewesen wirken. Es gibt neun Yanas[31], durch die das klare Gewahrsein ent-

30 Das Ergebnis-Yana wird so genannt, da es sich auf das Ergebnis konzentriert, das innere Rigpa-Gewahrsein, die Buddha-Natur selbst, um Erleuchtung zu erlangen.

31 Skt.: *yāna*, »Fahrzeug«, Pfad der Unterweisungen. Es werden 9 Yanas

wickelt wird. Diese lassen sich wiederum zu drei Yanas, nämlich Hinayana, Mahayana und Tantrayana zusammenfassen. In den Ursachen-Fahrzeugen[32] (Hinayana und Mahayana) erwacht man nach einer sehr langen Periode unaufhörlicher Anstrengung zur Erleuchtung, indem man rechtes Verhalten pflegt und die spezifischen Anweisungen in die Praxis umsetzt. Ich möchte diese Pfade hier jedoch nicht weiter darlegen, sondern gleich zum Thema kommen und die Kern-Praxis des Ergebnis-Fahrzeuges erläutern.

Die verschiedenen Lebewesen hegen verschiedene Ansichten über das Universum und seine spirituelle Dimension und ihre Verständnis-Ebenen unterscheiden sich. Gemäß der buddhistischen Lehre ist der Daseinskreislauf (Samsara) ein Leidensmeer. Die verschiedenen Religionen versuchen, die Wesen aus dem Leidensmeer zu erretten. Die Anhänger einiger religiöser Schulen glauben, dass man in der gleichen Gestalt wie jetzt wiedergeboren wird. Ein Mensch wird demnach immer als Mensch, ein Hund als Hund, ein Pferd als Pferd wiedergeboren und so weiter. Shakyamuni Buddha erklärte, dass dies nicht der Wahrheit entspricht, sondern dass jeder seinem Karma gemäß wiedergeboren wird. Nichts ist beständig. Alles ändert sich unaufhörlich, hängt vom Karma ab und gehorcht dem Karma.

---

unterschieden: die drei äußeren Yanas: 1. Der Weg des Shravaka, 2. Der Weg des Pratyekabuddha, 3. Der Weg des Bodhisattva; die drei inneren Vajrayana-Yanas: 4. Kriyatantra, 5. Upatantra, 6. Yogatantra; die drei geheimen Vajrayana-Yanas: 7. Mahayoga, 8. Anuyoga und 9. Ati Yoga oder Dzogchen. Die ersten beiden äußeren Yanas bilden das *hīnayāna,* der dritte Weg des Bodhisattva umfasst das *mahāyāna,* während die restlichen sechs Yanas das *tantrayāna* bilden.

32 Die Ursachen-Yanas werden so genannt, da ihre Methoden sich auf die Ursachen zur Erlangung des Ziels konzentrieren, die Erleuchtung. Die Ursachen umfassen das Aufgeben von negativen Handlungen von Körper, Rede und Geist, zusammen mit den drei Geistesgiften von Zorn, Begierde und Unwissenheit-Ignoranz.

Wir können das in einer einzigen Aussage zusammenfassen: »Vermeide negative Handlungen. Handle tugendhaft – bis zur Vervollkommnung. Zähme deinen Geist. Dies ist die Essenz der Lehren des Buddha.« Negative Handlungen vermeiden bedeutet, andere nicht aus der eigenen Verblendung heraus schädigen oder verletzen. Solch eine Handlungsweise fiele nur irgendwann auf einen selbst zurück. Tugendhaftes Handeln bedeutet, Bodhicitta zu erzeugen, die vier Arten der Freude[33] zu entwickeln und die sechs Paramitas[34] zum Wohle aller zu praktizieren.

Den eigenen Geist zähmen bedeutet einfach, in seinem natürlichen Zustand verweilen. Zur Schulung eures Geistes braucht ihr nichts von außerhalb. Der Geist soll einfach den Geist beobachten, während die drei Tore von Körper, Rede und Geist entspannt sind. Im stetigen Gewahrseinsstrom diszipliniert der Geist sich selbst. Wir nehmen die richtige Haltung ein und entspannen uns; der Körper handelt nicht, die Stimme spricht nichts und der Geist verweilt in seinem natürlichen Zustand. Der Hauptpfeiler der allgemeinen Vajrayana-Lehren ist die Schulung des Geistes und das allmähliche Reifen des Gewahrseins hin zu einer höheren Verwirklichung.

Wenn der Geist reglos in der Leerheit ruht, wird dies *nepa* (tib., Verweilen) genannt. In diesem Zustand können wir aber nicht auf Dauer verweilen, denn der Geist verändert sich wieder. Der Aspekt der Veränderung heißt *gyuwa*. Das Bewusstsein,

---

33 Die vier Arten der Freude oder die vier Unermesslichen sind: Liebe, Mitgefühl, Freude und Gleichmut.

34 Skt.: *pāramitā*. Die sechs transzendenten Tugenden oder Vollkommenheiten sind Großzügigkeit, ethisches Verhalten, Geduld, energischer oder freudvoller Fleiß, Konzentration oder Meditation, Einsicht oder Weisheit – vereint mit Mitgefühl und geschickten Mitteln und frei von Sehnsucht, Selbstüberhebung und Ansichten (z.B. eines Gebenden, des Gebens und eines Empfangenden).

das diese subtile Veränderung wahrnimmt, nennen wir *rigpa*; es ist das innere Gewahrsein, das den Meditierenden und die Meditation umfasst. Allgemein kann man sagen, dass die Erscheinungen aus der Leerheit erwachsen, aber wir können sie nicht sofort erkennen; sie wachsen weiter, und die gesamte Projektion von Samsara und all seinen Phänomenen wird erschaffen. Wenn das Bewusstsein Projektionen hervorbringt, erkennt Rigpa beides, die Veränderung und die Projektion. Wenn unsere Wahrnehmung noch nicht auf der Rigpa-Ebene angekommen ist, ist unsere Meditation Shamata (tib.: *Schi-né*).[35]

Üben wir die Shamata-Praxis mit Ausdauer und Sorgfalt, wird die Kraft von *gyuwa* (Veränderung) nachlassen, und schließlich können wir eine lange Zeit im Zustand von *nepa* (Ruhe, Gewahrsein) verweilen.[36] Es gibt viele verschiedene Methoden, um Shamata zu entwickeln. Zur Schulung unserer Konzentration können wir verschiedene Objekte zur Hilfe nehmen, etwa einen Stein oder ein Holzstück. Unser gegenwärtiger Geist ist so hastig und unstet, dass es uns Arbeit kostet, bis er ruhig und klar wird wie das Meer bei Windstille. Wir sollten üben, bis wir an diesen Punkt kommen. So lauten die Anweisungen über Shamata in den allgemeinen Unterweisungen des Buddha.

Wir werden nun mit der Berg-Retreat-Unterweisung beginnen, die das Ursachen-Fahrzeug übersteigt. Innerhalb des Ergebnis-Fahrzeugs gibt es viele verschiedene Ebenen. Der Titel der folgenden Unterweisung ist: »Die Kern-Lehre des Buddha in der Handfläche«.

---

35 Skt.: *śamatha*, tib.: *schi-né* (*gzhi gnas*). Ruhiges oder friedvolles Verweilen, einsgerichtete Meditation, Achtsamkeitsmeditation.

36 (Tib.: *gnas pa* und *'gyu ba*) – Ruhe und Bewegung des Geistes, die Freiheit und das Vorhandensein von Gedanken.

Verehrung meinem Haupt-Lama[37]:

> *»Ehrfürchtig werfe ich mich nieder und nehme Zuflucht zu Füßen des glorreichen höchsten Guru, der Verkörperung des Mitgefühls und der Aktivität aller Buddhas, dessen Güte unvergleichlich ist. Ich bitte um deinen Segen, auf dass meine Schüler, ich selbst und andere in diesem Leben den tiefgründigen Pfad zur Erleuchtung vollständig und unverzerrt verstehen mögen.«*

Wer kein positives Karma und kein Bestreben mitbringt, wird schon der allgemeinen buddhistischen Lehre nicht begegnen, aber insbesondere keinen Zugang zu den geheimen Lehren der Großen Vollendung finden. Für eine solche Person ist es nicht nur schwer, mit dem Dharma in Berührung zu kommen, sie wird auch nicht so leicht einen geeigneten, qualifizierten Meister treffen, der die kostbaren Lehren weitergeben kann. Einem solchen Lehrer müsst ihr aus tiefstem Herzen vertrauen. Ihr müsst den Entschluss fassen, in diesem Leben vollständig zu erwachen, indem ihr die essentiellen Anweisungen für die eine Praxis befolgt, die alle anderen einschließt und vollendet. Im Text heißt es, dass die Tür zur tiefgründigen Praxis des Berg-Retreats allen offensteht, die diese Eigenschaften besitzen.

Meine nun folgende Erklärung ist unmittelbar und leicht verständlich. Sie umfasst die grundlegenden Anweisungen, wie man sich das geheime Dzogpa Chenpo zu Herzen nehmen und es praktizieren sollte.

---

37 Tib.: *Tsawai Lama* (*rtsa ba'i bla ma*): »Wurzel-Lehrer«. Der Lehrer, der einem die Kernunterweisungen und Ermächtigungen gibt und mit dem daraufhin eine besondere Samaya-Verbindung besteht.

Es gibt vier wichtige Vorbedingungen. Als Erstes braucht man einen starken Wunsch und muss inbrünstig dafür gebetet haben, Zugang zu diesen Lehren zu finden. So etwas geschieht nicht zufällig, sondern ist das Ergebnis eurer positiven Handlungen in der Vergangenheit. Als Zweites muss man einen Meister treffen, der alle nötigen Qualifikationen besitzt. Als Drittes benötigt man Hingabe und Vertrauen zum Meister und zum Dharma. Als Viertes muss man praktizieren wollen, bis das Ziel erreicht ist. Ich gebe diese Unterweisungen zum Berg-Retreat denjenigen, die diese vier Vorbedingungen erfüllen.

Der tibetische Kurztitel dieses Textes lautet »*Richö*«. Das tibetische Wort »*ri*« bedeutet Berg. Es gibt Schneeberge, felsige Berge, bewaldete Berge und solche mit sanften Hängen. Hier steht »*ri*« für einen Retreat-Berg, abgeschieden und angenehm. Berge sind hoch – ihre Höhe ist Symbol für die Tiefe der Lehren. »*Ri*« beinhaltet Höhe und Abgelegenheit, »*ri*« ist ein Ort, wo es keine Ablenkungen durch äußere Dinge gibt. Da er hoch oben liegt, gibt es dort nicht viele Menschen – das zeigt, wie geheim die Übung ist. »*Chö*« bedeutet Dharma, die kontinuierliche, einsgerichtete Weiterentwicklung gemäß den essentiellen Anweisungen des eigenen Haupt-Lamas. Um sich völlig auf den Dharma konzentrieren zu können, beginnt man eine strenge Praxis in Zurückgezogenheit und entwickelt Abscheu gegen alle Verhaftungen. Man vermeidet es, sich in das gewöhnliche Leben hineinziehen zu lassen und sucht sich eine abgelegene Einsiedelei. Dort kann man praktizieren und entwickelt tiefe Verwirklichungen und Mitgefühl zum universellen spirituellen Wohl.

Diese Unterweisungen bestehen aus drei Teilen. Im ersten Teil wird beschrieben, wie man den Geist zum Dharma hinführt und ihn läutert. Der zweite und wichtigste Teil beschreibt, wie man die Unterweisungen so in die Praxis umsetzt, dass man wirklich

Ergebnisse erzielen kann. Im dritten Abschnitt wird beschrieben, wie man seine Samayas rein hält – Ethik und Verhalten – und alle Handlungen dieses Lebens im Einklang mit dem Dharma ausführt. Gehen wir zum ersten Teil: wie wir jede Anhaftung an Samsara aufgeben und dadurch unseren Geist im Dharma schulen.

1. Die Grundlage

Wie wir jede Anhaftung an Samsara aufgeben und dadurch unseren Geist im Dharma schulen.

Kyema! Unser Geist schwankt ständig hin und her oder hängt Gedanken nach! Die Natur dieses Geistes ist Kuntuzangpo, und sein Ursprung liegt in anfangsloser Zeit. Kuntuzangpo erkannte den Geist-an-sich und in diesem Augenblick war er erleuchtet. Wir dagegen, die wir unsere wahre Natur nicht erkannt haben, wandern unablässig im Teufelskreis von Samsara umher. Kuntuzangpo betrat die reine Ebene des *Dharmadhatu*[38] ohne Werturteil und ohne dualistisches Denken; er erkannte die absolute Natur und war auf der Stelle erleuchtet. Alle äußeren und inneren Phänomene stellten sich vor seinem Weisheitsauge in völliger Klarheit dar. Wir können zum Beispiel nachts jeden einzelnen Stern am Himmel erkennen und unterscheiden. In gleicher Weise

[38] Skt.: *dharmadhātu;* tib.: *chö ying* (*chos kyi dbyings*). »Die Weite, der Raum oder die Essenz der Phänomene«, So-heit, allumfassender Raum in dem sich alle Phänomene manifestieren können. Wird auch synonym mit »Buddha-Natur« gebraucht.

nimmt *Prajna*[39] alle Phänomene (alles Existierende) deutlich und vollständig wahr. Wenn wir aber die Phänomene ganz normal wahrnehmen, erkennen wir sie nicht als eine Manifestation unseres eigenen Geistes. Wir greifen nach ihnen und halten sie fest, und dabei schaffen wir Karma und Verblendungen. Für endlose Zeiten sind wir durch unsere eigene Projektion in der Falle von Samsara gefangen, weil wir unsere wahre Natur nicht erkannt haben, den Geist von Samantabhadra.

Dualistische Vorstellungen führen uns unvermeidlich ins Samsara, da sie Subjekt und Objekt voneinander trennen. Wir greifen nach dieser Unterscheidung und halten sie fest, und dadurch entstehen weitere Verblendungen; unsere Gewohnheiten ziehen uns immer tiefer ins Samsara hinein. Unzählige Male werden wir in den sechs Bereichen wiedergeboren; in dieser Zeit sind all unsere Handlungen vergeblich und ohne Sinn. All unser Tun mehrt nur die samsarischen Phänomene und Verblendungen. Da wir unsere wirkliche Natur nicht erkannt haben, schaffen wir selbst endloses Karma. Wie sich die Seidenraupe in den von ihr selbst produzierten Seidenfaden einspinnt und sich darin verfängt, spinnt der dualistische Geist Netze von Verblendung, die letztlich als unsere eigene Erfahrung heranreifen.

In dieser einen unter hunderten von Wiedergeburten haben wir nun einen menschlichen Körper. Wenn wir ihn nicht angemessen nutzen, wird diese Gelegenheit verstreichen, in der wir weitere Wiedergeburten in den unteren Bereichen umgehen können. Ganz gleich, wo wir nach dem Tode wiedergeboren werden:

---

39 Skt.: *prajñā*; tib.: *sherab* (*shes rab*). Die sechste Paramita: Weisheit, Kenntnis oder präzise Einsicht und Urteilsvermögen in alle Dinge und Erscheinungen, welche zu *jñāna*, tib.: *yeshe* (*ye shes*) führt, dem immer schon vorhandenen ursprünglichen Verständnis (der Natur der Dinge), eine der zwei Ansammlungen.

Solange wir den sechs Arten von Lebewesen angehören, sind wir mit Sicherheit nicht außerhalb der Leiden von Samsara. Da die Zeit des Todes ungewiss ist, müssen wir jetzt mit Eifer praktizieren. Wie Jetsun Milarepa sollten wir in unserer Todesstunde weder Reue fühlen, noch uns mit Selbstvorwürfen quälen müssen. Er sagte: »Meine, Milarepas Dharma-Tradition ist so, dass sich niemand seiner selbst zu schämen braucht«.

Es ist aber nicht genug, einfach als Mensch geboren zu sein. Unser menschlicher Körper ist sehr kostbar; aber wir müssen ihn sinnvoll nutzen. Es genügt nicht, eine bestimmte äußere Erscheinung anzunehmen. Unsere Praxis sollte wahrhaft, sorgfältig und vollkommen sein, so dass wir unser Leben nicht mit sinnlosen Handlungen vergeuden. Wir sollten bei unserer Praxis unsere eigenen Zeugen sein und aufpassen, dass wir keine Fehler machen. Wir müssen all unsere Verhaftung an die verführerischen Dinge und Aktivitäten des gewöhnlichen Lebens aufgeben. Haftet nicht am Samsara und verfallt nicht in die acht weltlichen Dharmas[40], die den Lehren entgegenstehen. Empfindet Abscheu für die dingliche Existenz, gebt Samsara vollständig auf, und widmet all euer Handeln dem Dharma. Verweilt in Ruhe und lasst euch nicht durch Politik oder Wohlleben ablenken. Erforscht stets euren Geist. Gebt jedes Verlangen nach Ruhm oder Ehre auf, lasst alle Erwartungen los und widmet euch völlig der Verwirklichung in eurer eigenen Erfahrung. Bedenkt stets die Vergänglichkeit. Durchtrennt die Bande an den unbeständigen Geist, der an euer Heimatland, eure Besitztümer, eure Verwandten und so weiter verhaftet ist und betretet so den Pfad des Dharma. Tretet in die Fußstapfen der Yogis und Yoginis der Vergangenheit.

---

[40] Siehe Fußnote 4 auf S. 16 oder das Glossar.

Dies sind die allgemeinen Unterweisungen zum Abschneiden der Wurzel samsarischer Handlungen. Der wichtigste Punkt ist, dass ihr tiefe Hingabe und Vertrauen zu eurem Haupt-Lama habt. Gemäß den höheren Yanas ist das die Grundlage und die Quelle der Verwirklichung. Durch die Praxis des *Ngöndro*[41] verschmilzt man den eigenen Geist mit dem des Guru. Dies ist Teil der Manifestation des Mitgefühls, der Weisheit und des Geschicks des Lehrers, die durch die drei Kayas[42] vermittelt werden. Ihr braucht nicht zu denken, dass der Geist des Lamas dem euren überlegen ist oder dass sein Geist gut ist, während eurer schlecht ist. Verwässert eure Praxis nicht durch solche Gedanken, sondern gebt euch einfach der Erfahrung hin, dass euer Geist und der des Lamas verschmelzen wie Raum, der sich in den Raum auflöst oder Wasser, das in Wasser gegossen wird. Sie sollten von gleichem Geschmack und nicht zu unterscheiden sein. Das ist die Grundlage der Meditationspraxis. Bevor wir eine Meditationspraxis beginnen, sollten wir deshalb beten:

»Glorreicher, kostbarer Haupt-Lama,
Der du auf dem Lotussitz über meinem Scheitel ruhst,
Halte mich mit deiner großen Güte.
Gewähre die Verwirklichungen von Körper, Rede und Geist.«

---

41 Tib., »Das was davor kommt«, wird meist mit »Vorbereitenden Übungen« übersetzt und besteht je nach Schule und Übertragung aus Zufluchtsnahme, Erzeugung des Wunsches nach Erleuchtung (Erleuchtungs-Geist – Bodhicitta), der Reinigungspraxis durch Vajrasattva (Reinigung von Verblendungen), den Mandala-Darbringungen (Ansammlung von Verdienst) und schließlich dem Guru-Yoga (der Vereinigung mit dem Geist des Lama) und manchmal weitere Übungen.

42 Siehe Fußnote 14 auf S. 23.

Während wir so beten, lassen wir unseren Geist mit dem des Lamas verschmelzen und ruhen voller Vertrauen in diesem Einssein. Wenn euer Geist während der Meditation im natürlichen Zustand verweilt, nennen wir dies: »im inneren Gewahrsein, in Rigpa, ruhen«. Vielleicht habt ihr auch die Erfahrung, gerade erst das Rigpa-Gewahrsein entdeckt zu haben. In den allgemeinen Unterweisungen wird diese Erfahrung »Shamata« genannt. In der *Atiyoga*-Praxis[43] ist sie Rigpa: ursprüngliches, nicht-gemachtes, unverändertes Gewahrsein, der reine und klare, natürliche Geist. In der allgemeinen Shamata-Meditation gebrauchen wir den Begriff »*sem*«, wenn es um den verwirrten Geist geht, der verschiedene Bewusstseinsformen und Gedanken hervorbringt. Rigpa ist das lebendige Jetzt, das nicht von vergangenen Gedanken blockiert wird, und in dem der zukünftige Gedanke noch nicht angekommen ist. Lasst euren Geist untrennbar eins mit dem des Lamas werden! Im selben Augenblick erfahrt ihr Klarheit, den natürlichen Raum der Leerheit. Lasst uns in diesem Raum meditieren.

Widmet nun die Verdienste:

> *»Mögen durch diese Verdienste alle Wesen allwissend werden;*
> *Mögen sie den Feind besiegen, das falsche Handeln,*
> *Mögen alle Wesen aus dem Samsara-Meer befreit werden.*
> *Und den hohen Wogen von Alter, Krankheit und Tod entkommen.«*

Obwohl wir eigentlich angeborene Weisheit besitzen, ist diese getrübt, und so können wir die Einsicht nicht entwickeln, aus

43 Atiyoga (skt.): »ursprüngliches Yoga« oder »Gipfel aller Yoga«, gleichbedeutend mit Dzogchen (tib.) und Mahāsaṅdhi (skt).

der die Erleuchtung unmittelbar hervorgeht. Guru-Yoga ist der Hauptpfeiler bei der Ngöndro-Praxis. Durch dieses Yoga stärken wir unsere Verbindung mit dem Lama und empfangen seinen Segen. Wir erzeugen eine günstige Situation, in der sich unsere spirituelle Entwicklung ganz natürlich entfalten kann und unsere Weisheit und Einsicht wachsen. Obwohl Ngöndro normalerweise als vorbereitende Übung bezeichnet wird, ist sie in Wahrheit die Kern-Praxis; wir legen hier die Grundlage eines richtigen Verständnisses. Wenn sich Einsicht und Weisheit entwickeln, können wir dies als den Segen des Lamas bezeichnen, als die immanente Weisheit des natürlichen Geistes oder als das Herzens-Verständnis. Gleich, welche Bezeichnung ihr wählt – es ist nichts anderes als die Manifestation von Rigpa selbst.

Als sich Guru Rinpoche auf seine Suche nach dieser Art von Weisheit begab, begegnete er der Dakini Lekyi Wangmo.[44] Nachdem er sie erkannt hatte, bat er sie, ihm den Segen des Weisheits-Geistes zu gewähren. Auf der Stelle packte ihn Lekyi Wangmo bei den Händen, verwandelte ihn in eine Silbe HUNG und verschluckte ihn. Er durchquerte jedes Chakra ihres Körpers und erhielt in jedem Zentrum vier große Ermächtigungen und den höchsten Segen für die Verwirklichung. Als er ihren Körper durch ihren geheimen Lotus wieder verließ, verwirklichte er spontan den Geist des Ur-Buddhas Kuntuzangpo (skt.: *Samantabhadra*). Nachdem er die vier Ermächtigungen direkt erhalten hatte, hatte seine Verwirklichung sich mit der des Lama vereint. Hier können wir sehen, warum so viel von unserer Hingabe und unserem Vertrauen dem Lama gegenüber abhängt.

---

44 Tib. (*las kyi dbang mo*), skt.: *Karmendrani* – die Dakini, der die Lehren der Acht Großen Sadhanas (*bka' brgyad*) anvertraut wurden und die diese an die acht Vidyadharas übertrug. Padmasambhava erhielt insbesondere die Sadhana des Vajrakilaya.

Als Guru Rinpoche Tibet verließ, gab ihm die königliche Familie bis zur Grenze das Geleit. Als sie dort angekommen waren, sagte Guru Rinpoche: »Ihr seid alle sehr gütig zu mir gewesen. Als Dank für eure Dienste möchte ich euch den Segen von Vajra Kilaya (tib.: *phurba*)[45] gewähren.« Da schnipste er mit den Fingern und ein vollständiges Phurba-Mandala samt Gefolgschaft erschien über ihnen. Er sagte: »Im Angesicht dieses Phurba-Mandalas mit all seinen Gottheiten frage ich euch: ›Wie würdet ihr die Einweihung gerne erhalten?‹« Dromsey, die Königin von Trisong Detsen sagte: »Ich bin schon lange bei Euch, Guru Rinpoche, und ich habe viele Ermächtigungen erhalten, aber ich habe noch nie all die Gottheiten erscheinen sehen. Erst jetzt komme ich zu dieser Ehre. Ich würde diesen Segen gerne direkt von der Gottheit empfangen.«

Als er Yeshe Tsogyal fragte, sagte sie: »Guru, ich sehe dies als ein Ausdruck Eures Weisheits-Geistes. Ich sehe keinen Unterschied zwischen der Gottheit und Euch. Ich ziehe es vor, die Ermächtigung von Euch zu erhalten.« Die Königstochter Saley, war ebenfalls an diesem Ort. Sie war noch sehr jung und antwortete: »Guru Rinpoche, ich kann keinen Unterschied zwischen Euch und Vajra Kilaya wahrnehmen; daher kann ich nicht wählen. Bitte tut, was am besten für mich ist.« Guru Rinpoche rezitierte die Silben SA HA RA NA HUNG, schnipste mit seinen Fingern, und das gesamte Mandala von Phurba löste sich in sein Herz auf. Dromsey hatte nun keine Gottheit mehr, die ihr die Ermächtigung hätte erteilen können, und sie empfing sie daher nicht. Yeshe Tsogyal

---

45 Skt.: *Vajrakīlaya*, tib.: *Dorje Phurba* (*rdo rje phur pa*). Eine zornvolle oder furchteinflößende Meditationsgottheit, die die mitfühlende und erleuchtete Aktivität aller Buddhas verkörpert und bekannt ist für die kraftvolle Beseitigung von Störungen und Hindernissen, zur Entwicklung von Mitgefühl und spiritueller (Meditations-)Praxis.

dagegen erhielt die gesamte Übertragung. Da sie erkannt hatte, dass der Lama die Verkörperung aller Gottheiten ist, war sie ein vollkommenes Gefäß. Prinzessin Saley hatte wegen ihrer Jugend nicht gewusst, was sie wählen sollte. Guru Rinpoche überließ es daher Yeshe Tsogyal, ihr die Ermächtigung später zu geben, und betete, dass auch sie in Zukunft Trägerin der Phurba-Überlieferung werden möge.

Auf seiner Suche nach Erleuchtung kam der weise Naropa zu Tilopa und bat ihn, sein Schüler werden zu dürfen. Seine Hingabe an den Lama und sein Vertrauen in ihn wurden daraufhin jahrelangen Prüfungen unterzogen. Es dauerte viele Jahre, bis er überhaupt unterwiesen wurde. Eines Tages sagte Tilopa zu Naropa: »Ich werde jetzt etwas kochen. Hole mir dafür bitte Wasser von draußen.« Naropa ging hinaus. Als er zurückkam, packte ihn Tilopa unversehens und schlug ihn so fest, dass er ohnmächtig wurde. Als er wieder erwachte, erkannte er, dass er den Weisheits-Geist des Lamas unmittelbar erhalten hatte.

Es gibt viele solcher Geschichten, und ich erzähle sie hier nur, um aufzuzeigen, wie wichtig es ist, durch Hingabe eine Verbindung herzustellen. Man muss immer wieder darauf hinweisen, dass die Hingabe an den Lama und die Aufnahme seines Weisheits-Segens die Kernpunkte der Ngöndro-Praxis sind. Wir können nicht einfach behaupten zu meditieren. Meditation ist inhaltslos, wenn man dabei nicht den Weisheits-Segen des Lamas anruft, den direkten Erleuchtungsaspekt des Geistes. Ruft den Segen des Lamas in wachem Gewahrsein herbei und bewirkt die tiefe, unschätzbare Übertragung dieses Segens in euren eigenen Geistesstrom. Ganz gleich, ob ihr Ngöndro oder Atiyoga praktiziert, führt am Anfang das Guru-Yoga aus, um den Segen zu erhalten.

Im Ngöndro beginnt das Guru-Yoga damit, dass ihr euch selbst als Vajra Yogini visualisiert. Direkt vor euch befindet sich Guru Rinpoche. Von seinen drei Chakren senden die Silben OM, AH und HUNG drei Lichtstrahlen aus. Von der Silbe OM geht weißes Licht aus, von AH rotes Licht und von HUNG blaues. Von diesen drei Zentren von Körper, Rede und Geist des Guru Rinpoche wird der Segen übermittelt. »Aus dem OM auf der Stirn des Lamas entspringt ein weißer Lichtstrahl, einer Sternschnuppe gleich. Wenn er sich in die eigene Stirn auflöst, werden alle Blockaden der Körper-Kanäle bereinigt, das ist die Ermächtigung der Vase. Der Körper erhält alle Qualitäten des Vajra-Körpers, und der Same für das Erlangen des *Nirmanakaya* wird in den Geistesstrom gelegt. Aus dem AH in seiner Kehle entspringt ein roter Lichtstrahl, einem Blitz gleich. Wenn er sich in die eigene Kehle auflöst, werden alle Verdunkelungen der Rede und der Luft gereinigt und man erhält die geheime Ermächtigung der Rede. Die Rede erhält alle Qualitäten der Vajra-Rede, und der Same für das Erlangen des *Sambhogakaya* wird in den Geistesstrom gelegt. Vom HUNG in seinem Herzen gehen dunkelblaue Lichtstrahlen aus, einer Wolkenmasse gleich. Wenn sie sich ins eigene Herz auflösen, werden die Verdunkelungen von Geist und Vitalessenzen gereinigt. Das ist die Ermächtigung des ursprünglichen Weisheits-Geistes. Der Geist erhält die Qualitäten des Vajra-Geistes und der Same für das Erlangen des *Dharmakaya* wird in den Geistesstrom gelegt. Daraufhin erscheint die innerste Natur des Geistes des Lamas, die nicht-begriffliche, schiere Wahrnehmung, als fünffarbiger Tropfen (*tiglé*)[46] und sinkt mitten in das eigene Herz. Damit lösen sich die beiden Verdunkelungen

---

[46] Tib. (*thig le*), »Essenz-Tropfen« od. »Sphäre«, kann verschiedene Bedeutungen besitzen, entsprechende der Ebene des Verständnisses.

und alle Gewohnheitsmuster auf. Das ist die kostbare Ermächtigung des Wortes, und man erhält die Vollkommenheit jener unerschöpflichen Qualitäten und Taten, die alle Buddhas rundum schmücken. Das Potential für das Erlangen des *Svabhavikakaya*[47] wird in den Geistesstrom gelegt«.

Nachdem ihr so die vier Ermächtigungen und den Segen von Körper, Rede und Geist erhalten habt, solltet ihr mit Inbrunst bitten, dass der Segen in euch weiter wirken möge. Verschmelzt euren Geist mit dem des Lamas. Verweilt wie der wolkenlose Himmel, hegt keinen Gedanken an Vergangenheit, Gegenwart oder Zukunft, und seid ohne Vorstellungen eins mit dem Geist des Lamas. Wenn ihr diesen Zustand verlasst, erlebt alles, was ihr seht, als die Gestalt des Lamas, alles, was ihr hört, als Mantra, und alles, was in eurem Geist auftaucht, als den Geist des Lamas.

Wir verbinden das Guru-Yoga auch mit der Dzogpa-Chenpo-Meditation, um die letztendliche Natur des Lamas zu erkennen, die Einheit von Glückseligkeit und Leerheit, von Weisheit und Klarheit. Auch wenn wir vielleicht behaupten, über Leerheit zu meditieren, können wir dabei in eine selbsterzeugte konzeptionelle Leerheit verfallen. Wenn wir den Segen des Lamas herbeirufen und unseren Geist mit dem seinen untrennbar eins werden lassen, wird sich unsere Praxis auf die Verwirklichung zu fortentwickeln. Wenn wir uns für Meditierende halten, uns aber die richtige Grundlage und Herangehensweise fehlen, kann unsere Meditation nicht zur ungekünstelten Weisheit des Lamas führen und könnte stattdessen gestört, verdorben und zwecklos werden.

---

47 Skt.: *svābhāvikakāya*, tib.: *ngowo nyi ku* (*ngo bo nyid sku*). Die Untrennbarkeit der vorhergehenden drei Kayas, der letztendliche Buddha-Kaya, gekennzeichnet durch die zweifache Reinheit, die natürliche Reinheit des allumfassenden Raumes der So-heit und die Reinheit der temporären Befleckungen.

Worüber wir hier sprechen: Wir praktizieren den Dharma, um uns aus dem Leidensmeer zu befreien, das aus unserer Anhaftung an die fünf Geistesgifte[48] heraus entsteht. Die fünf Gifte bringen aufgrund von Konditionierung sehr subtile Projektionen hervor. Um uns wirklich von unserem Leiden zu befreien, müssen wir festes und unerschütterliches Vertrauen in die Praxis entwickeln. Ohne uns wieder mit gewöhnlichen weltlichen Angelegenheiten zu befassen, sollten wir uns zielgerichtet auf die Entwicklung von Bodhicitta und Altruismus konzentrieren und weniger Wert auf die vergebliche Sorge um Nahrung, Kleidung, Ansehen und bloßes Gerede legen. Wir sollten handeln wir Gyalwa Yangonpa, der sagte:

An einem einsamen Ort – den Todesgedanken fest im Herzen verankert,
Steckt der Einsiedler, der Anhaftungen verabscheut,
Die Grenzen seines Retreats ab, indem er die Gedanken an dieses Leben aufgibt –
Den acht weltlichen Dharmas begegnet er dort nicht.

Wenn wir fähig sind, diese Anhaftungen zu durchschneiden, werden wir wirklich weiterkommen. Aber auf unserem Wege treten negative Geister dazwischen, subtile Schleier, die unsere Entscheidungen beeinflussen. Lasst diese subtilen Verdunkelungen nicht entstehen. Habt volles Vertrauen und haltet euren Geist von Anhaftungen frei. Könnt ihr die Fesseln von Hoffnung und Zweifel nicht wirklich durchschneiden, lösen sich die Schleier nicht auf. Solange ihr nicht frei seid von Anhaftung und Abneigung, seid ihr auch nicht frei von den negativen männlichen und

48 Fünf Kleshas (skt.: *pañca kleśaviṣa*), störende Geisteszustände: Begierde, Zorn, Verblendung bzw. Ignoranz, Stolz und Eifersucht.

weiblichen Kräften (tib.: *Senmo* und *Gyalpo*), die euren Pfad und eure Praxis stören. Diese haben in Wirklichkeit keine unabhängige Existenz, da wir aber an unserer Anhaftung und Furcht festhalten, tauchen sie in Gestalt dämonischer Mächte auf.

Es gibt Menschen, die sich ganz zur Meditation zurückziehen, um Anhaftung sowie die Sorge um Ablehnung und Anerkennung aufzugeben. Wer seine Fesseln auf diese Weise durchtrennt, versucht die Wurzeln der Anhaftung zu durchschneiden, die auch die Wurzeln von Samsara sind. Lohnt es sich, den weltlichen Belangen und ihren falschen Werten Glauben zu schenken? Das müsst ihr euch immer wieder fragen. Entfernt ihr die acht weltlichen Dharmas nicht aus dem Zentrum eures Bewusstseins und legt ihr unter dem Deckmantel des Dharma ein künstliches »religiöses« Äußeres an den Tag, um euch auf betrügerische Weise Dinge anzueignen, dann ist das mit Sicherheit falsch.

Ganz gleich, ob die Leute nun Positives oder Negatives über euch sagen – kümmert euch nicht darum, ob sie euch akzeptieren oder ablehnen! Kümmert euch auch nicht darum, ob die Worte, die ihr hört, dem entsprechen, was ihr hören wollt oder nicht. Reagiert ihr nämlich auf die Äußerungen der Leute, dann seid ihr glücklich, wenn sie etwas Gutes sagen, und unglücklich oder ängstlich, wenn sie etwas Schlechtes sagen. Interessiert euch nicht dafür. Nehmt es so wahr, als sprächen sie über einen Toten, der nichts mit euch zu tun hat. Lasst sie reden, was sie wollen!

Bei eurer Suche nach spiritueller Klarheit können euch nicht einmal eure Eltern gute Ratschläge geben oder eine authentische Praxis beibringen. Nur ein Lama mit allen Qualifikationen kann euch die Lehren und Unterweisungen geben, die euch in diesem und im nächsten Leben wirklich nutzen. Lasst euch daher von niemand anderem an der Nase herumführen. Was den Dharma betrifft, müsst ihr euch um euch selbst kümmern. Damit ist nicht gemeint, dass ihr unsensibel mit anderen umgehen könnt. Ihr solltet andere Leute nicht vor den Kopf stoßen und dabei sagen: »Was immer ich tue, geschieht auf meinem Dharma-Pfad; daher ist es mir egal, welche Wirkungen es hat oder was andere Leute hineinprojizieren.« Wer so handelt, lässt jedes Feingefühl vermissen und verhält sich höchst ungeschickt. Euer Handeln sollte im Einklang mit dem Dharma sein, ausgewogen und der jeweiligen Situation angemessen. Mitgefühl, Liebe und Interesse an anderen sind unbedingt notwendig. Innere Stärke ist Voraussetzung dafür, dass euer Geist gefestigt und unerschütterlich wird. Eure Handlungen sollten dem Dharma nicht entgegenstehen; geht angemessen mit anderen Menschen um und haltet eure Dharma-Gelübde standhaft ein. Wenn jemand zu einem Hindernis für eure Praxis wird, bleibt unerschütterlich und fest wie ein großer Felsbrocken, wie mächtig und einflussreich die Person auch sein möge. Bindet man einen Schal an einen solchen Felsbrocken, kann ihn der Schal noch lange nicht von der Stelle bewegen.

Wir alle sagen, wir seien im Dharma; aber der Dharma kann seine Wirkung nur entfalten, wenn wir die Lehre beherzigen und unseren Geist in natürlicher Gelassenheit verweilen lassen können. Wenn jemand daherkäme und euch dazu verleiten wollte, den Dharma aufzugeben, dann tut in eurer Zaghaftigkeit doch nicht einfach das, was diese Person sagt. Euer Geist sollte wirkliches Vertrauen besitzen und sich nicht im Wind biegen wie das Gras auf einem Hügel. Hin-und-her-Schwanken ist ein Zeichen von Schwäche. Habt ihr euch einmal darauf festgelegt, ein Retreat durchzuführen, dann überlegt es euch nicht anders oder lasst euch nicht davon abbringen, ganz gleich, was passiert – selbst wenn von oben Blitz und Donner kommen, plötzlich ein ganzer See aus der Erde unten hervorquillt, Felsbrocken von allen Seiten auf euch fallen oder ihr dem Tode nahe seid. Haltet stand und brecht euer Versprechen nicht, selbst wenn es euch das Leben kostet.

Haltet während des Retreats euren Tagesplan genau ein. Seit anfangsloser Zeit seid ihr im Zustand der Unwissenheit und habt ungeheuer viel negatives Karma angesammelt. Ihr wart zu lässig, um euer eigenes Wohlergehen zu fördern. Während eines Retreats braucht ihr einen Tagesplan und müsst euch diszipliniert verhalten, um allmählich eure eigenen starren und hinderlichen Gewohnheiten zu beseitigen. Dieser Tagesplan enthält bestimmte einzuhaltende Zeiteinteilungen in Bezug auf die Mahlzeiten, eure Praxis und andere Dinge. Solche Tagespläne im Retreat sind Hilfestellungen. Statt zu tun, was euch gerade in den Sinn kommt oder wonach ihr euch fühlt, folgt ihr von Anfang an mit Begeisterung und einsgerichteter Konzentration einem streng geregelten Tagesablauf. Haltet euch an den regelmäßigen Ablauf und unterbrecht ihn nicht. Ganz gleich, ob ihr eine sehr ausgearbeitete oder eine einfache, eine lange oder kurze Praxis durchführt: man sollte sie gleichbleibend regelmäßig und nicht nur ab und zu üben. Lasst keine Augenblicke der Untätigkeit aufkommen, in denen schlechte Gewohnheiten entstehen könnten. Lasst dem Gewöhnlichen keinen Raum, selbst nicht für einen Augenblick. Nehmt die Praxis nicht zu leicht und sagt nicht: »Vielleicht mache ich sie morgen.« Erfindet keine Ausreden und verschiebt sie nicht auf »bessere Tage«. Wenn ihr nämlich so handelt, verliert ihr den Segen.

Will jemand ein strenges Retreat auf rechte Weise durchführen, dann wird die Tür des Retreat-Hauses manchmal mit Lehm versiegelt, so dass man es nicht verlassen kann, bevor das Retreat beendet ist. Selbst wenn das Retreat nicht so streng ist, sollte man doch zumindest keine anderen Leute sehen oder sprechen. Konzentriert euch allein auf die Praxis. Wenn ihr über das Retreat zu grübeln anfangt und dann auch noch darüber redet, habt ihr dadurch einen großen Teil des Segens bereits verloren.

Das Retreat sollte an einem einsamen Ort stattfinden, an dem Nahrung und die anderen Lebensnotwendigkeiten zur Verfügung stehen. Wenn ihr eine Stufe erreicht habt, auf der eure Verwirklichungen sehr tief geworden sind, könnt ihr auf Leichenplätzen oder an anderen furchteinflößenden Orten praktizieren, wo es viele Geister gibt. Habt ihr aber diese Stufe noch nicht erreicht, wäre eine solche Praxis einfach nur gefährlich. Die Art eures Retreats hängt davon ab, welche Stufe der Verwirklichung ihr erreicht habt. Geht ihr zu furchteinflößenden Orten, wie Leichenplätzen, wo sich zornvolle Geister manifestieren, dann ist der Segen deutlich wahrnehmbar, unmittelbar und schnell, aber die Gefahren sind entsprechend größer. Wenn euch dagegen in der Weite wahrer Verwirklichung alle feindlichen Umstände als Freunde und Helfer erscheinen, gibt es nichts Besseres, als eure geheime Praxis an solchen Orten wie Verbrennungsstätten durchzuführen. Für Menschen mit allen Verwirklichungen, können solche Umstände zum großen Nutzen gereichen.

Die besonderen Eigenschaften eines geeigneten Retreat-Platzes kann man auf vielerlei Weise erkennen. Allgemein ist jeder heilige Ort zuträglich, der von Guru Padmasambhava oder den großen Heiligen oder Lehrern der Vergangenheit gesegnet wurde. An dem Ort sollten keine Menschen meditiert haben, die ihre Samayas gebrochen haben. Wenn ihr einen Ort finden könnt, an dem es nicht viel Lärm und weltliche Geschäftigkeit gibt, könnt ihr einfach in vollkommener Gelassenheit in der wahren Richö-Einsamkeit verweilen.

Welche Praxis ihr auch immer in eurem Retreat durchführt, beginnt stets mit der wichtigen Ngöndro-Praxis, die eure Natur reinigt. Die allgemeinen vorbereitenden Übungen bestehen aus den vier Gedanken, die Abscheu vor Samsara hervorbringen. Die besonderen vorbereitenden Übungen bestehen aus der Zufluchtnahme, dem Erzeugen von Bodhicitta, dem Bereinigen von Verblendungen und dem Ansammeln von Verdienst und Weisheit. Wenn ihr jede dieser Übungen so lange praktiziert habt, bis sie in eurer eigenen Erfahrung verwirklicht ist, kommt ihr zu der höchsten Praxis, dem Guru-Yoga. Konzentriert euch darauf. Ohne dieses Yoga wird eure Praxis schwerfällig und enthält nicht viel Segen. Ihr solltet die Essenz jeder Praxis mit dem Guru-Yoga vereinen. Ngöndro ist eine äußerst wichtige Übung für die Vollendungs-Stufe des großen Dzogpa Chenpo. Je Drigung sagte einmal:

> *»In anderen Lehren wird die Hauptpraxis als tiefgründig bezeichnet; hier aber betrachten wir die vorbereitenden Übungen als tiefgründig.«*

Auch die Handlungen, die man von außen sehen kann, sollten im Einklang mit dem Dharma stehen. Da wir uns Meditierende nennen, sollte man auch hier gewisse Resultate und Zeichen erkennen können. Wir sollten freundlicher werden. Wir sollten anderen mit Mitgefühl begegnen. Unsere Worte sollten liebenswürdig sein. Andere Leute mit durchdringenden oder feindseligen Blicken zu betrachten, ist nicht im Einklang mit dem Dharma. Unsere Handlungen bringen unsere Verwirklichungen zum Ausdruck, sie zeigen, ob wir praktiziert haben. Unser Verhalten ist ein deutliches Anzeichen für die Güte unserer Praxis. Werden unsere Handlungen nicht von Freundlichkeit und Mitgefühl gesteuert, so zeigt dies, dass wir unseren Geist noch nicht unter Kontrolle gebracht haben und dass unser Handeln nicht frei von Unwissenheit ist. Uns selbst Meditierende zu nennen, während unser Handeln das Gegenteil bezeugt, wäre absolut falsch.

Es gab einmal einen Lehrer in Tibet, der meditierte, während ein unartiges kleines Kind unablässig vor ihm hin- und herlief und seine Meditation stören wollte. Der Lehrer sagte zu dem Kind: »Schau her und höre mir zu! Ich meditiere hier, also hüpfe nicht so herum!« Daraufhin wurde das Kind noch ausgelassener und der Lehrer erinnerte es noch einmal: »Sieh her, ich meditiere und versuche, mich in Ausdauer, Geduld und Ruhe zu üben.« Das Kind ignorierte ihn immer noch und sprang weiter herum. Da bekam der Lehrer einen Wutanfall und verpasste dem Kind eine ordentliche Tracht Prügel. Wir sollten nicht behaupten, Achtsamkeit und Duldsamkeit zu üben, und dann plötzlich so reagieren und auf solch eine Art Vergeltung üben. Wir sollten fest in unserer Achtsamkeit verankert sein, wie ein Pfosten im festen Grund.

Wenn ihr am Ende der Guru-Yoga-Praxis den Lama in euch selbst auflöst, dann behaltet keine dualistischen Vorstellungen über den Lama und euch selbst zurück. Entwickelt Klarheit – frei von jeder Projektion! Das ist die Essenz jeder Praxis. Diese Übung beruht auf der nicht-dualistischen Natur des Geistes selbst. Das so entwickelte Gewahrsein ist frei, frisch, lebendig und nicht vom Denken verunreinigt. Darin verweilen heißt, in der absoluten Natur des Geistes verweilen. Ein ganz außergewöhnliches Verständnis, das nicht in Worte gefasst werden kann, wird dabei in eurem Inneren geboren. Schang Rinpoche sagte in diesem Zusammenhang:

»Innere Ruhe, Erfahrungen oder Zustände tiefer Konzentration – diese Dinge entstehen recht häufig. Sehr selten ist dagegen die Verwirklichung, die durch den Segen des Lamas mit Hilfe der Kraft begeisterten Vertrauens im Inneren geboren wird.«

Der relative Nutzen unserer Anrufung Guru Rinpoches ist, dass unsere Wahrnehmungsschleier, Verblendungen und negativen Emotionen dadurch beseitigt werden. Negative Situationen, wie zum Beispiel Krankheit oder Verletzungen durch andere, können gelindert werden, und unsere Wünsche werden erfüllt. Das Verständnis für die wahre Natur unseres Geistes reift schneller heran. Die absolute Verwirklichung kann rascher in uns entstehen, denn die Energie, die bei der Anrufung Guru Rinpoches erweckt wird, räumt den Pfad der Entwicklung frei. Ich möchte nochmals betonen: Selbst wenn unser eigentliches Interesse der Großen Vollendung (tib.: *Dzogchen*) gilt, ist die Praxis des Guru-Yoga von entscheidender Bedeutung. Die Wesen haben unzählige verschiedene Denkweisen, deshalb wurden zahllose Dharmas erklärt, um ihren unterschiedlichen Befähigungen zum Verständnis Rechnung zu tragen. Niemals können wir alle Einzelheiten dieser zahllosen Dharmas erläutern. Wir müssen ihre Essenz vollkommen auf den Punkt bringen, ein vorurteilsfreies Verständnis und stetiges Gewahrsein entwickeln. Das unterscheidet sich von einem auf den Intellekt gegründeten begrifflichen Verständnis. Wir müssen zwischen diesen beiden Arten der Wahrnehmung unterscheiden.

2. Die Hauptpraxis

In unserer Meditation belassen wir den Geist also in seiner natürlichen Seins-Weise und lassen unser intellektuelles Verstehen beiseite. Entspannt euch und lasst ihn frei. Beim Meditieren müssen die Augen nicht geschlossen sein. Was die Augen wahrnehmen, ist nicht schädlich. Die Dinge erscheinen so, wie sie sind; aber weil wir nach äußeren Objekten greifen und sie festhalten, haftet unser Geist an und beginnt, ihnen festgelegte Benennungen zu geben oder ihnen festgelegte Eigenschaften zuzuschreiben. Die wahre Natur aller Erscheinungen ist die Leerheit, und Form manifestiert sich aus dieser Leerheit heraus. Wenn wir die Form einfach belassen können, wie sie ist, und uns nicht mit ihr identifizieren, haften die Erscheinungen auch nicht an uns.

Es ist der Wahrnehmende von Objekten und Dingen, der daran festhält, der das Problem ist. Die Wahrnehmung selbst schadet uns nicht. Aber sobald wir danach greifen, uns mit der Wahrnehmung identifizieren oder sie festschreiben, beginnt der Geist, sich selbst zu täuschen. Er erfindet dann immer mehr Konzepte und Bedeutungen, bis wir uns völlig im Durcheinander unserer eigenen Projektionen verloren haben. Daher sagte Guru Rinpoche, dass die wahre Natur aller Erscheinungen Leerheit ist. Könnt ihr erkennen, dass in der Leerheit Form ist und dass die Form selbst Leerheit ist, dann nehmt ihr den Nirmanakaya wahr. Wenn etwas auftaucht, braucht man seinen Geist nicht zwingen, die Aussage »alles ist leer« als »Tatsache« zu akzeptieren – denn Leerheit ist die Natur der Wirklichkeit, wie sie ist. Man hat überhaupt nichts davon, intellektuell mit dieser Idee herumzuspielen, denn in Leerheit da ist Form und in der Form da ist Leerheit. Versteht einfach jede Wahrnehmung als Ausdruck des Geistes. Ihr braucht euch nicht anstrengen, irgend etwas zu glauben. Lasst es sein, wie es ist.

Der große Weise Tilopa sagte in seinen Unterweisungen zu Naropa:

> *»Geliebter Sohn, alle die Phänomene, die aus dem Geist entstehen,*
> *können nicht vom letztendlichen Verstehen ablenken;*
> *das Bewusstsein selbst jedoch wird zum Schleier, wenn es die Phänomene festhält.«*

Welche Erscheinungen sich auch zeigen, benennt sie nicht und identifiziert sie nicht. Da sie von Natur aus weder gut noch schlecht sind, sondern lediglich eine Einheit von Leerheit und Form, lass sie los. Strebt nach nichts, schaltet nichts dazwischen, wendet keine bestimmte Methode an, um sie zu befreien; lasst sie einfach los.

Die gleichen Überlegungen gelten für den Klang. Wir brauchen unsere Ohren nicht verschließen und sagen: »Ich meditiere.« Wir besitzen unsere Hörfähigkeit. Wenn wir einen bestimmten Klang nicht als wohlklingend oder misstönend klassifizieren, sondern einfach erkennen, dass sich der Klang aus der Leerheit manifestiert und dass in der Leerheit Klang ist, können wir die Sprache der Buddhas hören. Wir sollten den Klang nicht benennen und uns keine Ideen über ihn zurechtlegen. Sobald wir das tun, vermischen wir ihn mit Projektionen, die das innere Gewahrsein verunreinigen. Geräusche und Klänge, die wir hören, sind von ihrer Natur her Leerheit, die sich als Klang manifestiert. Sie schaden uns nicht im Geringsten. Das Problem entsteht erst, wenn wir am Klang »kleben bleiben«, ihm nachhängen und Verblendungen schaffen. Die wahre Natur des Klanges ist die Einheit von Klang und Leerheit, das Tor zum Sambhogakaya.

Betrachtet es folgendermaßen: Unsere Anhaftung an Formen und Klänge haben uns in eine Falle gelockt. Durch unsere Anhaftungen sind wir so sehr der Täuschung anheimgefallen, dass wir unsere Gedanken immer an Projektionen fesseln und in einer Scheinwelt leben. Wir können dem unablässigen Entstehen der Phänomene keinen Einhalt gebieten, denn durch das Aufrechterhalten dieser Projektionen haben wir uns selbst an den Daseinskreislauf gebunden. Es gibt kein Zurück, unsere Gedanken können nicht abgestellt werden. Wenn Gedanken auftauchen, ist es daher von größter Bedeutung, das einfach zu erkennen, statt ihrem Inhalt nachzugehen. Auf diese Weise kommen sie von selbst zur Ruhe. Wir sollten uns nicht vorsagen: »Ich meditiere gerade« oder »Jetzt muss ich alle die Gedanken anhalten, die meine Praxis stören könnten.« Gleichzeitig laden wir jedoch die Verblendung auch nicht ein. Wir nehmen sie nicht an und lehnen sie nicht ab.

Der wahrnehmende Geist verfügt über Gewahrsein und schafft auf diese Weise viele karmische Eindrücke und sammelt diese an. Was ist der Geist? Wenn ihr sehr wütend seid, dann erfüllt diese Empfindung fast euren ganzen Körper, so dass ihr anfangt zu beben. Auf diese Weise bekommt die Wut eine Konkretheit, die sie als etwas Wirkliches erscheinen lässt. Blickt ihr dagegen der Wut direkt ins Gesicht, ist sie nichts anderes als Ausdruck eures Geistes. Wir lassen uns von diesem bloßen Zauberspiel ablenken. Sucht die Wut. Welche Form hat sie? Welche Farbe hat sie? Wie groß ist sie? Wo ist sie? Du kannst hundert Jahre suchen und wirst nichts Wirkliches finden, weil sie nur ein Ausdruck des Geistes ist. Wenn wir nicht erkennen, dass es sich um einen bloßen Ausdruck handelt und uns an der Manifestation als etwas

»Wirklichem« festhalten, stürzt uns das in größte Verwirrung. Guru Rinpoche sagte:

> *»Was immer sich manifestiert – halte es nicht fest; lass es los!*
> *Es wird in den wahren Zustand des Dharmakaya hinein befreit werden.«*

Im Sutrayana ist die Wut die schwerste aller Verblendungen. Als ihr Gegenmittel entwickeln wir die Sichtweise, die alle Wesen als unsere Eltern betrachtet. Um die Güte zu vergelten, die sie uns entgegengebracht haben, entsagen wir der Wut und üben die liebende Hinwendung zu allen Wesen. Wir entwickeln Durchhaltevermögen, Geduld, Liebe und ein Mitgefühl, das keine Unterschiede zwischen den Wesen macht. Nach den Lehren Guru Rinpoches jedoch müssen wir uns darüber keine Sorgen machen. Sobald er auftaucht, schau dem Ärger und der Wut direkt ins Gesicht. Das widerspricht den Lehren des Buddha nicht, die im Sutrayana eine wirkungsvolle Methode sind, Liebe und Mitgefühl hervorzurufen. Aber wenn wir zum Atiyoga kommen, ist es anders; Ärger und Wut sind bloßer Ausdruck des Geistes und lösen sich in den Raum inneren Gewahrseins auf, sobald wir ihnen mitten ins Gesicht schauen. Sie können nirgendwo anders hingehen. Sie entstehen aus der leeren Natur des Geistes und lösen sich in genau diese Natur wieder auf. Das nennen wir »Spiegelgleiche Weisheit«.

Erscheinungen entstehen und lösen sich wieder in ihren ursprünglichen Zustand auf. Ihr braucht keine Beschwörung, um sie aufzulösen, sie verschwinden ganz von selbst. Ihr braucht euch auch keine Lösung auszudenken. Schon im Auftauchen sind sie Ausdruck von Rigpa selbst. Sobald ihr ihnen direkt ins Gesicht blickt, lösen sie sich auf. Wenn ihr den Ausdruck des

Geistes los lasst, befreit er sich selbst, und diese Befreiung wird zur Meditation. Das gleiche gilt für andere Geistesgifte. Wenn wir sie los lassen und ihren Zustand nicht verändern, befreien sie sich in die Meditation. Guru Rinpoche sagte: »Diese Befreiung ist die wahre Erfahrung des Dharmakaya.« So befreit man die fünf grundlegenden Geistesgifte und verwandelt sie in die fünf Arten der Weisheit.[49]

Obwohl wir dies zur Zeit vielleicht intellektuell verstehen, bedeutet das noch nicht, dass wir die Sicht verwirklicht haben. Inmitten der stattfindenden Veränderungen sollten wir unser Gewahrsein stetig schulen und dabei auch kleinste Bewegungen bewusst wahrnehmen. Es ist wichtig, sich selbst feinster Bewegungen bewusst zu sein. Wir müssen unsere Projektionen zum Stillstand kommen lassen. Unseren Körper haben wir bis zu unserem Tode und genauso lange werden mit Sicherheit Projektionen entstehen. Wir könnten sagen, es sei, als rieben wir ein Stück Eisen und versuchten, die grobe Materie so lange zu verringern, bis es keine Form mehr gibt, mit der wir uns identifizieren könnten.

Da nun die Sicht dargelegt ist, nehmen wir vielleicht an, wir hätten sie begriffen. Aber selbst wenn wir die Sicht des Atiyoga in Worte fassen und sagen können, dass sich ausnahmslos alle Verblendungen in die Leerheit auflösen lassen, so ist das noch nicht die Atiyoga-Praxis. Wir müssen es für uns verwirklichen, nicht nur begrifflich verstehen. Zwischen Verwirklichung und Verstehen ist ein himmelweiter Unterschied. Wenn wir die beiden nicht unterscheiden, sehen wir die Sache völlig verdreht. Wollt ihr von einer sehr hohen Warte aus sprechen, dann schaut

---

[49] Wut, Zorn in die spiegelgleiche Weisheit, Stolz in die Weisheit der Wesensgleichheit, Begierde in die unterscheidende Weisheit, Neid und Eifersucht in die alles-vollendende Weisheit und schließlich Ignoranz und Dummheit in die alles umfassende Weisheit.

ihr nur noch höher hinauf und euer Kontakt nach unten wird abgeschnitten. Ihr greift nach Hohem und verliert dabei den Boden unter den Füßen. Wir sollten die relative und die absolute Wahrheit gleichermaßen respektieren, denn es gibt keinen inhärenten Widerspruch zwischen beiden. Auf dem Pfad der Erleuchtung ist es von entscheidender Bedeutung, die relative und die absolute Ebene richtig wahrzunehmen, weil die beiden zusammengehören. Andernfalls kommt uns entweder die Sicht beim Handeln oder das Handeln in der Sicht abhanden. Der Pfad zum Erwachen beinhaltet ein Verständnis des Relativen und des Absoluten, das immer mit wirklich achtsamem Gewahrsein einhergeht.

Shakyamuni Buddha legte dar, dass alle Wesen Buddha-Natur besitzen. Wäre das nicht so, könnten wir unmöglich etwas zu werden suchen, was wir nicht sind. Nur weil wir unsere wahre Natur nicht erkannt haben und immer noch nicht erkennen, entstehen die Verblendungen. Diese Tatsache ist die grundlegende Verblendung. Vielleicht fragt ihr: »Was ist die Buddha-Natur?« Die Buddha-Natur überwindet die Unterscheidung zwischen Samsara und Nirvana und verbindet diese innerhalb eines einzigen Raumes oder Sphäre. Sie geht jenseits von hoch und niedrig. Sie geht jenseits der Unterscheidung von gut oder schlecht. Sie ist der Geist von Kuntuzangpo, des ursprünglichen Buddha, die letztendliche Sicht. Kuntuzangpos Geist nimmt die Manifestationen nicht als gut oder schlecht wahr; alles ist Gewahrsein, alles ist von einem Geschmack, der sich nicht mit Worten, nicht mit Gesten und auch nicht anders beschreiben oder beispielhaft darstellen lässt. Der Ur-Buddha konnte seine wahre Natur erkennen und wurde befreit. Wir konnten es bisher nicht. Subtile Verblendungen erscheinen und bringen weitere Projektionen hervor, und so verfängt sich unser Geist in Täuschung und erschafft den Dualismus von Subjekt und Objekt. Das ist unsere Basis. Dies zu erkennen oder nicht unterscheidet Samsara von Nirvana. Wenn wir die relative und die absolute Wahrheit nicht zusammenbringen können, nehmen wir weiterhin dualistisch wahr und sind uns unserer fortschreitenden Selbst-Täuschung nicht bewusst. Aus diesem Grunde müssen wir meditieren, obwohl wir die erleuchtete Natur bereits besitzen. Wir müssen Sicht und Handeln zusammenbringen. Wir müssen die Sicht assimilieren und so lange meditieren, bis Meditation keine Meditation mehr ist.

Ich habe euch dargelegt, dass die wahre Natur aller Erscheinungen leer ist, dass der Klang sich aus der Leerheit manifestiert hat und dass in der Leerheit Klang ist. Es geht dabei um eine einfache Einführung in die Aspekte von Körper, Rede und Geist der Buddhas, die in den drei Zuständen Nirmanakaya, Sambhogakaya und Dharmakaya verweilen. Kurz, es handelt sich um die Einführung in die drei Kayas von Körper, Rede und Geist aller Buddhas. Nehmt die Gelegenheit wahr, mit der richtigen Sichtweise über diese drei Kayas zu meditieren.

Meditiert ihr auf diese Weise und lässt sich euer Geist in einem Zustand der Ruhe nieder, dann ist das Shamata. Verlasst diesen Zustand sofort wieder! Wenn vereinzelt oder gehäuft Gedanken auftauchen, wäre es auch nicht richtig, sich ihrer gewahr sein zu wollen. Sobald einer dieser Zustände entsteht, müsst ihr laut »PHÄT« äußern – damit werden beide zunichte gemacht. Das muss man öfters tun. Für den Yogi ist es sehr gut, diese Konzepte immer wieder zunichte zu machen und sie sich nicht festsetzen zu lassen. Wird die Meditation immer wieder zerstört, ähnelt sie einem Strom, der sich in kleine Flüsse aufteilt, die dann wieder zusammenfließen – dabei wird der Strom immer reiner. Wasser klärt sich auch durch hohe Wasserfälle; die Elemente werden durch den plötzlichen Aufprall des nach unten stürzenden Wassers gereinigt. Auf diese Weise, indem wir uns selbst immer wieder unterbrechen, vermeiden wir es, in einem bloßen Shamata-Zustand zu verweilen.

Der Hauptpunkt bei dieser Praxis ist, dass sie weder Shamata ist, noch geht es hier darum, sich des Denkprozesses bewusst zu werden. In dieser Dzogpa-Chenpo-Praxis werden die Gedanken aus sich selbst heraus befreit; sie müssen nicht identifiziert, bestätigt oder verändert werden. Meditiert ihr auf diese spezielle Weise, dann verlieren die Manifestationen ihre präzise und lebendige Qualität, sobald euer Bewusstsein sich zur Ruhe setzt. Es geht hier nicht um das Ruhigwerden des Geistes; erst wenn ihr euch aus der Ruhe aufrüttelt, erwacht ihr. Genau darum geht es hier. Alle Manifestationen treten schärfer hervor, so dass ihr sie klarer wahrnehmen könnt.

Wenn ich »PHÄT« äußere, dann tut das auch. Lasst euren Geist in seiner natürlichen Gelassenheit ruhen, wenn ich die Silbe AH rezitiere, und hegt keinerlei Gedanken an die Vergangenheit, Gegenwart oder Zukunft. »PHÄT! AH!«

Wir haben diese Unterweisung mit der Guru-Yoga-Praxis begonnen und beenden sie nun auch mit Guru-Yoga. Seht alle Formen als den Lama, hört alle Klänge als Mantra und erkennt jeden Gedanken als einen Gedanken des Lamas.

Zweiter Vortrag

Dharma Empfangen; Die Qualitäten des Lehrers; Die Qualitäten des Schülers; Guru Rinpoche Praxis

Vor der Unterweisung sollten wir den Erleuchtungsgeist entwickeln. Wir praktizieren um des spirituellen Wohls aller Lebewesen willen, die einmal unsere Väter und Mütter waren. Zum Wohle dieser gütigen Eltern-Wesen praktizieren und verwirklichen wir den Dharma, so dass wir sie von ihrem Leiden befreien können. Damit sich Bodhicitta entwickeln kann, müssen wir über die Faktoren nachdenken, die den Geist dem Dharma nahebringen. Für uns Praktizierende ist ein tiefes Verständnis der besonderen Merkmale und Zusammenhänge des Dharma zentral.

Der Ur-Buddha erwachte, als er seine eigene wahre Natur erkannte. Wir Lebewesen sind von unseren Verblendungen getäuscht und leben daher noch immer in den sechs Daseinsbereichen. Der Buddha gab jedoch aus seinem Mitgefühl heraus die kostbaren Lehren weiter, so dass auch wir frei werden können. Sollten wir fragen, woher der Dharma kommt oder woher die Buddhas ihren Dharma erhalten, dann stoßen wir auf die Tatsache, dass sich jeder der tausend vorhergesagten Buddhas, die sich manifestieren und das Rad des Dharma drehen werden, alle auf einen Lama stützt. Wird jemand durch einen wirklichen Lama angeleitet, kann die Verwirklichung ganz natürlich entstehen. Daher heißt es:

»Folgen wir dem Beispiel der Großen Sieger nicht und stützen wir uns nicht auf die Anleitungen eines Lamas, ist jede Verwirklichung unmöglich.«

Das Hören der Dharma-Lehren ist keine beiläufige Angelegenheit. Viele wichtige Punkte sind beim Empfangen der Lehren zu beachten. Bevor eine Übertragung gegeben wird, sollten wir den Lama ernsthaft und auf richtige Weise um diese Übertragung bitten. Der Lama wird dann aus seinem Mitgefühl und seiner Weisheit heraus lehren. Dann sollten wir aufmerksam die essentiellen Anweisungen aufnehmen, die die Übertragung begleiten. Die Schüler müssen eine Verbindung zu diesen kostbaren Lehren und Ermächtigungen haben. Sie sollten Ausdauer besitzen und bis an ihr Lebensende eifrig und sorgsam praktizieren. Geistesstärke und eine tiefe Verpflichtung zur stetigen Praxis sind die Grundlage. Sagt ihr nur beiläufig: »Da gibt es eine Unterweisung, und ich gehe hin«, habt aber nicht wirklich den Wunsch, wenigstens einen Teil der Praxis zur Vollendung zu bringen, kann man nicht von einer Übertragung sprechen, und ihr habt gar nichts davon. Habt ihr einmal Übertragungen erhalten, müsst ihr euch unbedingt der mit der Praxis verbundenen Samayas bewusst sein. Für Schüler gibt es in Verbindung mit diesen tiefgründigen Lehren keinen schnelleren Weg in die niederen Bereiche als das Nichtbeachten der Samayas.

Gibt ein Lehrer eine Übertragung, dann sollte man nicht völlig unüberlegt hineilen und um Unterweisung heischen. Man sollte stattdessen erst einmal den Lehrer beobachten, um herauszufinden, ob er oder sie die notwendigen guten Eigenschaften und Übertragungen besitzt und in der Überlieferungslinie steht. Die Qualitäten eines Lehrers muss man sehr genau erkennen. Einfach irgendwohin zu gehen, weil ein Lama dort irgendwelche Dharma-Unterweisungen gibt, ist eurer Entwicklung bloß abträglich. Ein wirklich qualifizierter Lama hat viele verschiedene Merkmale. Kurz, überprüft, ob der Lama die Kräfte des Hörens, Nachdenkens und Meditierens über den Dharma vervollkommnet und die Übertragung tatsächlich verwirklicht hat. Ist das der Fall, ist der Lama ganz natürlich voller Mitgefühl. Er hat seine Gefühle vollständig unter Kontrolle und er wird die außergewöhnliche, von Mitgefühl getragene Motivation haben, zum Wohle der anderen zu wirken. Ein Lama sollte nicht nur Unterweisungen und Ermächtigungen empfangen haben, er sollte auch die wichtigen Punkte einer Unterweisung präzise herausarbeiten können. Er sollte sein vollkommenes Verständnis der Lehren auch angewendet und die Früchte bestimmter Übungen erlangt haben. Das ist äußerst wichtig. Nachdem er die Praxis auf sich selbst angewendet hat, sollte er von egoistischem Streben frei sein, das heißt, er sollte mit Entschlossenheit und unterschiedslos für das Wohl aller seiner Schüler und aller Lebewesen arbeiten. Insbesondere sollte er nichts zu seinen eigenen Gunsten und auf Kosten seiner Schüler manipulieren. Das wäre ein großer Fehler.

Im Allgemeinen sollten wir alle Lehrer des Buddhadharma ehren. Wir dürfen nicht überkritisch sein, da sie auf dem Pfad des Dharma sind. Es gibt jedoch Lehrer verschiedener Kategorien. Es gibt solche, die allgemeine Unterweisungen geben und solche, die essentielle Anweisungen und Ermächtigungen geben. Ist man einmal eine Verbindung zu einem Lehrer eingegangen, der essentielle Anweisungen und Ermächtigungen gibt, dann muss man unbedingt die Reinheit der Samayas aufrechterhalten. Ehe man solch eine essentielle Anweisung oder eine Ermächtigung empfängt, ist man frei, die Qualitäten des Lehrers zu überprüfen. Man sollte versuchen herauszufinden, ob der Lehrer seine

Samayas mit seinem eigenen Lama gebrochen hat, denn das könnte auch zu einer Verunreinigung oder Unterbrechung in der Überlieferungslinie oder in einem Teil der Übertragung führen. Im Allgemeinen kann der Lehrer seine eigene Herkunft und die Übertragungslinie der Lehren von sich bis zum Buddha Kuntuzangpo zurückverfolgen. Treten wir mit solch einem Lehrer in Verbindung, dann können wir schon allein durch den Segen dieser Situation unglaubliche Fortschritte machen, falls der Meister der richtige für uns ist.

Überprüfen wir aber die Situation nicht am Anfang, dann könnten wir eine sehr schädliche Verbindung eingehen. Ein Lehrer, der alle Übertragungen erhalten und sie rein gehalten hat, sollte aus seiner Praxis heraus tiefes Bodhicitta, richtiges Handeln und eine klare Verwirklichung entwickelt haben. Er sollte ein vollkommenes Verständnis der Methoden haben, mit denen das Verständnis seiner Schüler zur Reife gebracht werden kann. Ein wichtiger Gesichtspunkt ist auch, dass man als Schüler die Beziehung zum Lehrer als offen empfindet. Ein offenes Verhältnis ist zum Beispiel dann unmöglich, wenn der Lehrer so extrem zornig ist, dass niemand eine Beziehung zu ihm haben kann. So etwas kann passieren.

Vielleicht kommen euch Zweifel darüber, ob der Lehrer wirklich gelehrt und fähig ist, oder ob er zwar gelehrt ist, aber nicht meditiert, oder ob ihm vielleicht tiefe Erfahrungen und Verwirklichungen fehlen. Wie die Situation auch sein mag, ein klares Verständnis von den Eigenschaften des Lehrers ist von vornherein entscheidend.

Gleich, ob euer Verständnis bei der Aufnahme einer Beziehung zu einem Lehrer nun klar war oder nicht – habt ihr eine Ermächtigung empfangen, dann ist das verbindlich. Selbst wenn ein Schüler nur eine vierzeilige Sutrayana-Unterweisung von einem gewöhnlichen Lehrer erhalten hat und den Samaya nicht aufrechterhält, wird er als Spinne wiedergeboren, die schließlich ihre eigene Mutter auffrisst, die ihr das Leben geschenkt hat – so lehrte es der Buddha. Dabei bezog er sich nur auf eine allgemeine Unterweisung; die Samaya-Verbindung mit einem Vajrayana-Lehrer wird nicht einmal erwähnt.

Brecht ihr die Samayas mit einem Vajrayana-Lehrer, der euch sehr tiefgründige und kostbare Übertragungen und Ermächtigungen gegeben hat, dann werdet ihr bei eurem Tode auf der Stelle in den achten untersten Bereich, die sogenannte »Vajra-Hölle«, eingehen. Die Buddhas haben gesagt:

> *»Für euch Praktizierende des geheimen Vajrayana gibt es nur zwei Orte; entweder ihr geht direkt in ein Buddhafeld ein oder direkt in den tiefsten Höllenbereich. Für euch gibt es keinen dritten Platz.«*

Wir haben jetzt besprochen, wie wir einen fähigen Lama auswählen, indem wir seine Weisheit und seine Methoden erkennen und wie wir, nach dieser vertrauensvollen Wahl, die spirituelle Beziehung zu diesem Lama aufrechterhalten. Die beste Gabe eines Schülers an seinen Lehrer ist die Praxis der Unterweisungen und das Erwachen zur Erleuchtung. Das ist die höchste Opfergabe. Die zweite mögliche Gabe ist das Darbringen von Körper, Rede und Geist und insbesondere der Dienst am Lama. Dem Lama zu dienen ist die zweithöchste Art des Gebens. Die dritte Art wäre, dem Lama materielle Dinge, wie zum Beispiel die eigenen Besitztümer in Form eines Mandala, zusammen mit allen angesammelten Verdiensten darzubringen.

Es ist sehr wichtig, die rechte Zeit, die rechte Gelegenheit und die rechten Bedingungen für die Bitte um die Unterweisungen erkennen zu lernen. Es ist hilfreich, den Charakter des Lamas, seinen eigenen Stil und seine Verhaltensweisen zu kennen. Wenn die Zeit nicht richtig oder der Moment ungünstig ist, sollte man nicht um Unterweisung bitten. Hat man einmal Unterweisungen empfangen, muss man sie in die Praxis umsetzen. Man muss die eigene Verbindung mit dem Lehrer aufrechterhalten, indem man alle essentiellen Punkte der Lehren weiterentwickelt und die Tiefe der Übertragung mit ihrem Segen ununterbrochen bewahrt. Verschiedene Lamas manifestieren sich auf unterschiedliche Art und Weise, um nützlich für die Wesen zu sein. Vielleicht begegnet ihr Lamas, die ein einziges Wort scheinbar so verärgern kann, dass sie nicht einmal vor Schlägen zurückschrecken – so zornvoll sind sie. Selbst in einem solchen Fall solltet ihr euch in eurem Vertrauen und eurer Hingabe an ihn nicht durch sein Verhalten erschüttern lassen, sofern ihr bereits eine Verbindung mit diesem Lama eingegangen seid und die Natur seiner Weisheit verstanden habt. Der Ursprung eures Erwachens liegt in eurem Vertrauen zu ihm.

Die verschiedenen Lamas haben verschiedene Persönlichkeiten, aber all diese Persönlichkeiten entstehen als Reaktion auf die vielfältigen Bedürfnisse der Schüler unterschiedlicher Mentalitäten. Ist die Verbindung einmal hergestellt, sollte man sie aufrechterhalten und die eigenen Projektionen über den Lama schrittweise reinigen. Es gibt viele Geschichten über die ausgeprägten Persönlichkeiten der Lamas. Daher lege ich Wert auf geschicktes Vorgehen und darauf, die Beziehung in rechter Weise aufrechtzuerhalten. Die Buddhas haben gesagt: Sobald ihr einen wahren Lehrer gefunden habt, der Weisheit und Methode der Übertragungslinie verkörpert, und ihr das Glück hattet, eine Verbindung mit ihm einzugehen, solltet ihr in eurer Hingabe nicht einen Augenblick zaudern, selbst wenn er hundert Menschen umbringt. Buddha-Aktivität sollte so verstanden werden. Solche Dinge kann man verstandesmäßig nicht begreifen.

Bisher haben wir darüber gesprochen, woran wir einen qualifizierten Lama erkennen, sprechen wir jetzt über die Schüler. Vieles zeichnet einen geeigneten Schüler aus, aber auf jeden Fall ist es grundlegend, dem Lehrer mit reinen Beweggründen und nach besten Kräften zu dienen. Wir betrachten dabei Samsara als ein Nest voller Giftschlangen. Wir müssen Abneigung gegen samsarische Handlungen entwickeln und uns vom Teufelskreis der Existenz befreien wollen. Den Lehrer sollen wir als den erleuchteten Meister betrachten, dessen mitfühlende Anweisungen uns aus dem Leidensmeer befreien können. Wir sollten dem Lehrer zu allen Zeiten auf rechte Weise dienen, mit der rechten Anstrengung den Dharma praktizieren und dabei unsere eigenen negativen Gefühle und Projektionen im Zaum halten und bereinigen. Wir sollten die Fähigkeit entwickeln, dem Lehrer nirgendwo zu missfallen und so viel positive Handlungen wir möglich ihm gegenüber anzusammeln.

Wenn wir die Belehrungen nicht mit der richtigen Einstellung empfangen, haben sie keine Bedeutung. Hören wir nachlässig zu, wird eine Unterweisung zu gewöhnlichem Gerede, selbst wenn es um den Dharma geht. Das richtige Verhalten vor den Unterweisungen ist, mit wirklicher Ernsthaftigkeit und aus tiefstem Herzen ein Mandala darzubringen. Ihr müsst den Geist des Lamas herbeirufen, damit er aus seinem Mitgefühl heraus seine Übertragungen, seinen Segen und seinen Schutz bereitwillig weitergibt.

Diese Art von rechter Situation erwächst aus langer Beobachtung des Lehrers durch den Schüler. Aufgrund seiner Beobachtung erkennt der Schüler Weisheit, Mitgefühl und Methode des Lehrers. Eine vollständige Verbindung führt zu Hingabe und einer reinen Wahrnehmung des Lamas. Das schafft eine günstige Situation, auf deren Grundlage wir bis zum vollkommenen Erwachen reifen können. Dann können wir sagen, dass die Übertragung in einem wirklichen und vollständigen Sinne stattfindet. Wenn ihr einfach nur hierhin und dorthin geht, um Leute über Dharma sprechen zu hören, könnt ihr weder die Qualitäten des Lehrers und der Überlieferungslinie beobachten, noch fühlt ihr euch verpflichtet, die Lehren zu praktizieren. Solche öffentlichen Vorträge haben keine Substanz. Vielleicht nehmt ihr auch falsche Ansichten über die Lehren mit, die euch letztlich nur schaden. Folgt ihr dem Dharma nicht auf rechte Weise, dann kann euch euer Verständnis der Sache in zusätzliche Verwirrung und Verblendung stürzen, statt dass ihr klares Gewahrsein entwickelt. Daher sollten Schüler das rechte Verhalten pflegen.

Es heißt, die Übertragung könne schlicht und einfach nicht stattfinden, wenn die Schüler entweder keine Gelegenheit erhalten oder nicht in der Lage sind, des Lamas Wissen und Methode zu beobachten. Andererseits ist es auch falsch, wenn der Lehrer beginnt, geheime Vajrayana-Unterweisungen und Ermächtigungen zu geben, ohne Schüler oder Schülerin vorher zu beobachten und zu überprüfen, ob er oder sie über das rechte Verständnis, rechte Fähigkeiten und die rechte Verbindung verfügt. Schüler und Lehrer sollten sich erst einmal darüber klar werden, ob sie in jedem Aspekt des Dharma zueinander passen. Geschieht das nicht, knoten die beiden ein Seil um ihre Hälse und werden gemeinsam in die unteren Bereiche hinabsinken. Sie sind dann wie zwei zusammengebundene Kälber, die man von der Spitze einer Klippe hinunterstürzt – es bedeutet beider Tod.

Die Situation muss klar überprüft werden, um eine Praxis hervorzubringen, in der sich Hingabe an die Unterweisungen und Abneigung gegen den Teufelskreis von Samsara unmittelbar entwickeln. Rechte Anstrengung und das Beachten der Samayas sind die Hauptvoraussetzungen für die spontane Manifestation günstiger und glückbringender Situationen.

Der einzige Zweck der Dharma-Praxis ist die Freiheit vom Leiden. In eurer Todesstunde sollt ihr keine Furcht verspüren. Stattdessen sollt ihr ein Verständnis über Tod und Sterben entwickelt haben. Das Meditieren darüber sollte euch von den Konzepten über Leben und Tod befreit haben. Wenn ihr Zweifel hegt oder Bedauern empfindet, dass ihr nicht nach euren besten Möglichkeiten praktiziert habt, wenn ihr bereut, nicht genügend Zeit mit der Praxis verbracht zu haben oder wenn ihr an der Praxis zweifelt, habt ihr keine wirkliche Klarheit erlangt. Das wäre nicht das richtige Ende. Die richtigen Auswirkungen der Praxis sind Vertrauen, Zufriedenheit und vollständige Entspannung – wenn der Tod dann kommt, seid ihr gut vorbereitet.

Nun zur Praxis selbst: Zuerst rufen wir den Segen herbei. Visualisiert diesen Ort als ein vollkommenes Buddha-Mandala und euch selbst als die Dakini Yeshe Tsogyal, denn wir können den Segen nicht empfangen, wenn wir durch unseren gewöhnlichen Körper begrenzt sind. Sie ist mit Geschmeiden und Seidentüchern geschmückt, hält in der linken Hand eine Schädelschale (skt.: *kapāla*) und in der rechten ein gekrümmtes Messer. Das Tragen von Schmuckstücken zeigt auf, dass man die Anhaftung selbst in höhere Verwirklichung umwandeln kann, ohne sie äußerlich aufzugeben. Schmuckstücke und Seidenschals werden auf dem Pfad reiner Praxis gewandelt. Die Tatsache, dass sie völlig nackt ist, weist daraufhin, dass man Verlangen nicht ablegen muss, sondern es in erleuchtetes Gewahrsein umwandeln kann. Ihre Nacktheit symbolisiert auch das nackte Gewahrsein von Rigpa, das frei von allen konzeptuellen oder intellektuellen Konstruktionen ist.

Rufen wir Guru Rinpoche herbei, fehlen uns möglicherweise Kraft oder Klarsicht und wir denken, er halte sich irgendwo in weiter Ferne von uns auf. Daher bitten wir ihn, von seinem Palast auf dem kupferfarbenen Berg herabzukommen, um uns zu segnen. In Wirklichkeit ist er bereits in uns. Diese Praxis schließt alle drei Wurzeln (tib.: *lama, yidam, khandro*)[50] ein.

Um den Segen von Guru Rinpoche direkt empfangen zu können, müssen wir erst einmal genügend Verdienst ansammeln. Ohne Verdienst können wir Guru Rinpoches Segen nicht empfangen. Deshalb bringen wir die Gabe der Sieben Zweige[51] dar; damit sammeln wir ursächliches und unbegrenztes Weisheits-Verdienst an und schaffen positive Umstände, in denen wir Praktizierende den Segen bewahren können.

Nach der Darbringung der Sieben Zweige kommen wir zum Hauptteil, bei dem wir das Herzsilben-Mantra mit tiefer Hingabe rezitieren und damit den Geistesstrom des Lamas herbeirufen. Er gewährt uns den Segen von Körper, Rede, Geist und Handeln. Nach Empfangen seines Segens verweilen wir in der Natur seines Geistes; der Lama und wir werden untrennbar eins.

---

50 Skt.: *guru, deva (iṣṭadevatā), ḍākinī.* Die drei Wurzeln, tib.: *tsawa sum*, bilden die Innere Zuflucht des Geheimen Mantrayana und sind die Basis für alle positiven Ansammlungen, sowie für Segen, Verwirklichungen und Inspirationen.

51 Niederwerfungen, Darbringungen, Bekennen von Fehlern (und Versprechen es nicht weiter zu tun), Mitfreude, Bitte um Unterweisungen (»das Rad des Dharma zu drehen«), die Lehrer bitten zu verweilen (und nicht nach Paranirvana zu gehen), Widmung des Verdienstes. Diese Übungen bilden jeweils eine Gegenmittel zu Stolz, Habgier, Zorn, Eifersucht, Dummheit-Ignoranz, falsche Sichtweisen und Zweifel.

Visualisiert Folgendes, um die vier Arten von Segen von Guru Rinpoches vier Chakren zu erhalten: Von der weißen Silbe OM in seinem Scheitelchakra strömen weiße Lichtstrahlen in euer Scheitelchakra; von der roten Silbe AH in seinem Sprachchakra strömen rote Lichtstrahlen in euer Sprachchakra; von der Silbe HUNG in seinem Herzchakra strömen blaue Lichtstrahlen in euer Herzchakra. Danach geht vielfarbiges Licht von seinem Herzchakra aus und gewährt euch die vierte Ermächtigung (des Wortes).

Wenn ihr den Segen der vier Kayas erhalten habt, löst sich der Lama in Lichtstrahlen auf und sinkt durch den Scheitel in euren Körper. Ihr bleibt eins mit der Natur des Lamas, der wahren Natur des Geistes-an-sich. Dieser Segen bricht alle dualistischen Vorstellungen über euch selbst und den Lama auf. Reinigt alle Wahrnehmungen, indem ihr sie in diese letztendliche Natur überführt.

Konzentriert euch, bevor ihr mit der Praxis der drei Wurzeln beginnt, völlig auf das Guru-Yoga (*lamai naljor*). Mein Lehrer Ngedon Wangpo war ein Herzens-Schüler des großen Tertön Dudjom Lingpa. Er hatte das Guru-Yoga einhunderttausend Mal geübt und hatte den tiefen Wunsch damit fortzufahren. Er war jedoch auch ein sehr guter Arzt, und daher wies ihn Tertön Rinpoche an, sich noch mehr mit der Medizin zu beschäftigen, um den Wesen auf diese Weise zu helfen. In vielen Fällen haben die Lehrer das Guru-Yoga fünfhunderttausend oder dreihunderttausend Mal praktiziert, mindestens jedoch einhunderttausend Mal. Was das Mantra der zwölf Silben betrifft, hat Guru Rinpoche versprochen:

> *»Könnt ihr dieses Mantra zwölf Millionen Mal rezitieren, werdet ihr damit den Samen für die Wiedergeburt in Samsara zerstören. Wenn ihr es sechsunddreißig Millionen Mal rezitieren*

könnt, werdet ihr die Ebene der Vidyadharas[52] *erreichen. Wenn ihr es einhundert Millionen Mal rezitieren könnt, werdet ihr euch mit mir vereinen.«*

Versteht man, was er sagen will, kann es keine einfachere, sinnvollere oder vollständigere Übung als diese geben.

52 Skt.: *vidyādhara*, tib.: *rigdzin* (*rig 'dzin*). »Wissens- (auch Weisheits- oder Gewahrseins-)Halter« – jemand der fortwährend im Zustand des reinen Gewahrseins (*rigpa*) verweilt.

Dritter Vortrag

Richtige Geisteshaltung; Reinigung von Körper, Rede und Geist; Die absolute Natur des Geistes; Guru-Yoga

Der Raum und die Wesen sind grenzenlos. Wo immer es Lebewesen gibt, sind auch die karmischen Verblendungen grenzenlos. Könnten wir zurückschauen, um unsere Mutter- und Vaterwesen früherer Leben zu zählen und dann für jedes dieser Wesen ein kleines Kügelchen aus Erde von der Größe einer Wacholderbeere rollen, würde die ganze Welt diese Kügelchen nicht fassen. Wenn wir erkennen, wie sehr wir in ihrer Schuld stehen, sollten wir den Wunsch entwickeln, die Güte dieser freundlichen Elternwesen zu vergelten. Sie leiden, da ihre Ziele und ihre Handlungen nicht übereinstimmen. Um sie von ihrem Leiden zu befreien, verwirklichen wir für sie den tiefgründigen Buddhadharma.

Es genügt nicht, die Situation einfach nur zu verstehen, wir müssen versuchen, etwas Positives aus ihr zu machen. Die Buddhas legten mit großem Geschick den kostbaren, nektargleichen Dharma dar; so können wir gleichzeitig für unser eigenes Wohl und für das der anderen arbeiten. Das tiefempfundene Bedürfnis, zum Wohle der anderen zu wirken, heißt »das Entwickeln des Erleuchtungsgeistes«. Entwickelt die klare Motivation von Bodhicitta. Hauptzweck und Potential des Dharma sind die Befreiung aller im Teufelskreis von Samsara gefangenen Elternwesen. Das ist die reine Motivation und das große Mitgefühl (skt.:

mahakaruṇā)[53] des Bodhisattva, der nicht nur für sich selbst existiert, sondern auf umfassende Weise und unterschiedslos für alle Elternwesen arbeitet.

Da diese Unterweisung zum geheimen *Mantrayana* gehört, muss unser Geist wirklich allumfassend sein. Diese Lehren enthalten viele Methoden und essentielle Anweisungen, die klar und direkt sind. Wir können das Ergebnis auf einfache Weise ohne zu viel Anstrengung erreichen. Da es sich nicht um eine gewöhnliche Übertragung handelt, sollten wir die Fünf Vollkommenheiten erzeugen, wenn wir diese Unterweisung erhalten. Das geschieht folgendermaßen: Erstens betrachten wir unsere Umgebung als ein vollkommenes Mandala, das himmlische Buddhafeld des Guru Rinpoche. Zweitens betrachten wir uns selbst, die Praktizierenden, als Dakas und Dakinis und drittens den Lama als Guru Rinpoche. Viertens sehen wir die Lehren als der Großen Vollendung zugehörig an. Fünftens betrachten wir die Zeit als vollkommen, reif und günstig und erkennen, dass sie ununterbrochen Vergangenheit, Gegenwart und Zukunft übersteigt.

Wir haben über die allgemeine und die besondere Geisteshaltung gesprochen, die der Geist bei diesen Unterweisungen hervorbringt. Nun wollen wir über die Anwendung der Lehren und das dazugehörige Verhalten nachdenken. Betrachtet als erstes den Lama als Arzt, der euch von eurer Krankheit befreien kann oder einfach als einen Arzt, der die heilende Medizin geben kann. Seht euch zweitens als behandlungsbedürftigen Patienten. Betrachtet drittens den Dharma als Medizin und viertens die Anwendung des Dharma als Einnehmen der Medizin. Während der Unterweisungen sollten wir über diese vier Punkte nachdenken.

53 »Groß« deshalb, weil es von wirklichem Verständnis durchdrungen ist, von Einsicht in die Natur aller Dinge (Leerheit) und des Leidens von Samsara (Anhaftung und Ablehnung).

Der letztendliche Nutzen der Praxis ist, dass ihr von eurer Krankheit befreit werdet. Ihr nehmt die Medizin ein, wenn ihr den Unterweisungen zuhört. Die Einnahme dieser Medizin befreit euch aus dem Leidensmeer und von allem, was euren Pfad zur Befreiung versperrt.

Unglücklicherweise empfangen manche Menschen die Dharma-Lehren unter dem Einfluss von vier negativen Sichtweisen. Sie gehen zu den Unterweisungen, interessieren sich aber nicht wirklich für den Lama. Sie möchten einzig etwas für sich selbst erreichen. Erstens sehen sie den Lama als Moschushirsch und sind nur auf sein Moschus aus. Zweitens sehen sie sich selbst als Jäger dieses Moschus. Drittens gleicht ihre Anstrengung dem Einsatz einer Waffe, um das Tier zu töten. Viertens gleicht ihr Handeln jemandem, der das tote Tier liegenlässt und nur sein Moschus entnimmt. Wenn solche Leute die Lehren empfangen, werden diese verunreinigt. Sie töten den Moschushirsch nur wegen des Moschus; den Körper können sie nicht gebrauchen. Sie empfangen kostbare Unterweisungen nachlässig und haben nicht die Absicht, die Samaya-Verpflichtungen einzuhalten. Sie streben vorsätzlich danach, in den untersten Bereich einzugehen. Aus ihrer Verblendung heraus stehlen sie den Dharma, um ihn anderen preiszugeben oder missbrauchen ihn für selbstsüchtigen Vorteil.

Wenn wir den Unterweisungen zuhören, gibt es drei mögliche Fehler. Erstens sollten wir nicht sein wie ein auf dem Kopf stehendes Gefäß, in das man nichts füllen kann. Unser innerer Raum ist dann durch unsere Unachtsamkeit den Unterweisungen gegenüber verschlossen. Obwohl wir den Unterweisungen körperlich beiwohnen, können wir aufgrund unserer Verblendung den Lehren nicht richtig zuhören. Zweitens sollten wir nicht wie ein Gefäß mit Loch sein. Ganz gleich, was wir in ein solches Gefäß gießen, es wird wieder hinauslaufen. Dieses Bild illustriert einen Mangel an konzentriertem Gewahrsein; wir können das Wesentliche nicht behalten. Drittens sollten wir nicht wie ein unsauberes Gefäß sein, in dem sich unreine Dinge oder Gifte befinden. Beim Zuhören würden sich die Unterweisungen mit den Giften mischen. Das könnte zwei Ausprägungen annehmen: Entweder lassen wir es zu, dass sich unser Ich aufbläht, und denken, dass wir mehr wissen als der Lama, oder wir glauben, dass wir die Dinge weit besser verstehen als alle anderen Zuhörer. Wenn wir neidisch auf andere werden oder uns von ihnen bedroht fühlen, können wir erkennen, dass wir den Dharma mit den fünf Giften mischen.

Und wie folgen wir nun den Dharma-Unterweisungen, nachdem wir diese drei fehlerhaften Verhaltensweisen abgelegt haben? Nehmt, wenn ihr einer Lehrrede zuhört, aus Respekt und Bescheidenheit den niedrigsten Platz ein, den es gibt. Damit bezeugen wir unsere Hochachtung dem Lehrer gegenüber und erkennen seine Buddha-Qualität an. Wir geben auch symbolisch zu verstehen, dass wir uns öffnen, so dass der Segen aufgenommen und unser Ich unterworfen werden kann. Während der Unterweisungen sollten wir ein mitfühlendes, ruhiges, sanftes und bescheidenes Äußeres an den Tag legen. Das hilft bei der Anwendung des Dharma und gibt angemessene äußere Zeichen. Unser Gewahrsein sollte sich darauf einstellen, jedes Dharma-Wort als Nektar zu empfinden. Wir sollten uns nicht ablenken lassen, sondern völlig konzentriert in achtsamem Gewahrsein bleiben. Auch die richtige Körperhaltung ist wichtig: seid nicht nachlässig, redet nicht und bewegt euch nicht umher; seid vom Beginn der Lehrrede an in Harmonie mit dem Dharma. Als Zeichen des Respekts sollten Körper und Kleidung sauber sein.

Umgekehrt muss der Lama eine Haltung außerordentlichen Mitgefühls entwickeln, so dass jede seiner Unterweisungen den heiligen Dharma in seiner Gesamtheit darstellt. Er muss seine Schüler unvoreingenommen betrachten, so dass sie den Nektar der Verwirklichung trinken können, der sie aus den Wogen des Leidens und der Verblendung befreit. Er soll ihnen die Möglichkeit geben, die tiefgründige Übertragung in Gänze zu empfangen, so dass sie allmählich zum Erwachen fortschreiten können.

Da das geheime Vajrayana sehr vielschichtig ist, können Schüler entweder großen Gewinn aus seiner tiefen Bedeutung ziehen oder sich selbst Schaden zufügen. Das richtet sich nach ihrer Motivation. Haltet auf jeden Fall die Samayas mit dem Lehrer möglichst vollkommen aufrecht, damit Weisheit entsteht und nicht noch mehr Verblendung.

In Tibet gab es einmal einen großen Yogi, der allem entsagt hatte, dann das Rad des Dharma drehte und seinen Anhängern viele Übertragungen und Ermächtigungen gab. Einem seiner Hauptschüler übermittelte er die mündlichen und geheimen Unterweisungen sowie die essentiellen Anweisungen, und danach begab er sich auf die Wanderschaft. Der Schüler wurde sehr berühmt; er war in seiner Praxis erfolgreich, daher kamen viele Schüler zu ihm. Nun erschien eines Tages sein Lehrer, der wandernde Yogi, als er gerade vor einer großen Menschenmenge lehrte. Der Schüler saß auf einem hohen Thron und unterwies viele eigene Schüler. Er erkannte seinen Lehrer zwar, schämte sich aber aufzustehen, von seinem Thron hinabzusteigen und seinem eigenen Lehrer Ehrerbietung zu erweisen. Daher ignorierte er ihn einfach und fuhr in seiner Lehrrede fort.

Nach der Unterweisung stieg er sofort von seinem Thron herab, eilte zu seinem Lehrer und warf sich vor ihm nieder. Der Yogi fragte: »Warum hast du dich vorhin nicht vor mir niedergeworfen?« Der Lama antwortete: »Ich habe Euch nicht gesehen.« Daraufhin fielen ihm sofort beide Augäpfel heraus und zu Boden. Er erkannte seine Missetat und begann, sich vor ihm auf den Boden zu werfen. Sein Lama ließ sich auf einem kleinen Felsen nieder, blieb dort reglos sitzen und ließ ihn fünfhundert Niederwerfungen machen. Der Schüler bekannte seinen Fehler, bat seinen Lama um Vergebung und setzte dann mit neuer Hingabe seine Niederwerfungen fort. Schließlich legte der Lehrer seine Hände auf die Stirn des Lamas, und dieser erlangte auf wunderbare Weise sein Augenlicht zurück. Diese Geschichte zeigt, wie wir unseren Stolz überwinden und unsere Samaya-Verpflichtungen verstehen sollten.

So lautet die allgemeine Erklärung über die rechte Haltung beim Hören des Dharma.

Ihr müsst unbedingt die Bedeutung des Guru-Yoga verstehen, welches bewirkt, dass wir und der Lama ebenso untrennbar sind wie unser Lama und Guru Rinpoche. Das ist die Haupt-Übung, die uns die Fülle des Segens schenkt. Durch dieses Yoga erhalten wir den Segen der vier Energie-Zentren (*chakra*) und rufen den Geist des Lamas herbei, um diese mit seinem Siegel zu versehen und ins Gleichgewicht zu bringen. Im allgemeinen Mahayana läutern wir uns über Körper, Rede und Geist. Bei einer Übertragung des geheimen Vajrayana findet jedoch eine noch kraftvollere Läuterung von den Verblendungen statt, da unser Verständnis noch zusätzlich durch eine Ermächtigung zur Reife gebracht wird.

Nun wollen wir betrachten, wie Körper, Rede und Geist gebildet werden. Der Körper bildet sich zunächst um die Lebensnerven (tib.: *tsa*, skt.: *nāḍi*) herum; diese Nerven sind seine Grundlage. Wir unterscheiden Hauptnerven, Nebennerven und subtile Nerven. Unsere Rede hängt von den »Winden« (*lung*) ab, die in den Nerven kreisen. Es gibt fünf Hauptwinde, die verschiedene Funktionen haben: der alle Teile des Körpers durchziehende Wind (*khab-ye kyi lung*), der nach oben drängende Wind (*gyen-gyu kyi lung*), der sich nach unten bewegende Wind (*thur-sel kyi lung*), der Hitze erzeugende Wind (*me-nyam kyi lung*) und der lebenstragende Wind (*srok-dzin kyi lung*). Diese Winde durchziehen alle Teile des Körpers und haben jeweils ihre eigene Funktion.

Grundlage unseres Geistes sind die Vitalessenzen, die ursprünglichen Lebensflüssigkeiten, die von unseren Eltern stammen. Es gibt männliche und weibliche Vitalessenzen. Rede und Geist manifestieren ihre Funktionen mit Hilfe der Winde. Sie reiten auf den Winden und gelangen so zu allen Teilen des Systems. Bei jeder Äußerung bilden wir Worte, indem wir den in den Nerven kreisenden Wind benutzen. Der Geist befindet sich auf der Vitalessenz, aber Grundlage seiner Funktion ist der Wind. Die Buddhas haben Ermächtigungen entwickelt, die Blockaden der Nerven, Winde und Vitalessenzen (tib.: *tsa, lung, triglé*; skt.: *nāḍī, prāṇa, bindu*) wirkungsvoll reinigen.

Zur Läuterung der Rede atmen wir unsere negative Energie aus und atmen die Weisheitsluft aller Buddhas ein. Bei den Atemtechniken »Große und Kleine Vase« (*bum chen* und *bum chung*), bilden wir ein Luftgefäß im Körper und halten es aufrecht. Dadurch können wir Blockaden und Verblendungen der Rede beseitigen oder bereinigen und all dessen, was damit zusammenhängt. Um die Übertragung anzuwenden, meditieren wir auch über die Gestalt der Gottheit, zu der wir eine karmische Beziehung haben (*yidam*). Im Verlauf einer solchen Visualisierung wird die gewöhnliche Rede durch die drei Silben geläutert, welche die Fehler unserer Rede beseitigen. Yoga-Methoden reinigen und lösen die blockierten Nervenknoten und die Winde des Körpers verwandeln sich von selbst in die fünf Arten der Weisheit.

Auch zum Reinigen der Vitalessenzen gibt es viele kostbare Methoden. Wir visualisieren etwa die Keimessenz unseres Vaters in Form der Silbe HANG in der Mitte unserer Stirn und die essentielle Flüssigkeit unserer Mutter als heiße Flamme in Form ähnlich einem Ausrufezeichen im Nabelchakra. Wir entwickeln eine intensive Vorstellung ungeheurer Hitze, die von der Silbe HANG und von der Silbe im Nabelchakra ausgeht. Schließlich verschmelzen diese beiden miteinander und vereinigen die vier Hauptchakren. Diese Methode reinigt die Vitalessenzen.

Es gibt noch eine andere Methode, mit den vier Chakren zu arbeiten. Dabei werden die Vitalessenzen gereinigt, indem man mit den Prinzipien arbeitet, die die entsprechenden Chakren ermächtigen. Alle in den Knoten der Kanäle und Nerven eingeschlossenen Verblendungen können durch solche Yoga-Techniken beseitigt werden. Das Guru-Yoga läutert die Verunreinigungen von Körper, Rede und Geist und die Blockaden der subtilen Nerven, Winde und Vitalessenzen durch die Vajra-Rezitation der drei Silben: OM AH HUNG. Im inneren Tantra ist das Guru-Yoga etwas sehr Wesentliches und Tiefgründiges, weil alle diese Techniken und Übertragungen nichts anderes sind als eine direkte Manifestation des Geistes des Lamas. Wollen wir wirklich die für die Beseitigung unserer Verblendungen nötige Kraft bekommen, müssen wir den Geist des Lamas herbeirufen und mit ihm eins werden. Daher bedeutet das tibetische Wort für vorbereitende Übungen »Ngöndro« auch wörtlich »gehe voran«. Es ist bereits die zentrale Übung. Ich extrahiere hier die wichtigsten Teile der Lehren zu eurer Information und Unterweisung, damit ihr ein besseres Verständnis entwickeln könnt.

Wir haben einige falsche Vorstellungen über Sicht, Meditation und Verhalten ausgeräumt. Sprechen wir jetzt über die absolute Natur des Geistes. Der tibetische Begriff *sem* bezeichnet den projizierenden, greifenden und begrifflichen Geist. Im Unterschied dazu bezeichnet der Ausdruck *nyid* die Weisheit, die nicht verunreinigt werden kann, das Gewahrsein, das über jedes begriffliche Denken hinausgeht. Um den Geist-an-sich zu beschreiben, werden die beiden Wörter aneinandergehängt: *sem nyid*. Dieser Begriff bringt zum Ausdruck, dass es sich um freies, planloses, aus sich selbst entstandenes Gewahrsein handelt. Seine wahre Natur ist frei von allem Künstlichen und jenseits des Intellekts, sie ist ungeborenes, strahlendes Gewahrsein ohne jede Konditionierung – frisch, lebendig und klar. Entwickelt die Gewissheit, dass dies die absolute Natur des Geistes-an-sich ist!

In der lebendigen Rigpa-Klarheit gibt es keine Gedanken an Vergangenheit, Gegenwart und Zukunft; sie ist inneres Gewahrsein – sie umfasst und überwindet das Konzept von Zeit. Dieses Gewahrsein kann im Samsara nicht verfälscht und im Nirvana nicht verbessert werden. Es kann weder der Verwirrung anheimfallen noch befreit werden. Es ist weder geschaffen noch bedingt. Es verfällt in kein Extrem. Weder existiert es, noch existiert es nicht. In seinem eigenem Gewahrsein zu verweilen, ist die ursprüngliche Weisheit selbst. So ist Rigpa – das, was nicht mit Worten beschrieben oder mit Beispielen erläutert werden kann.

Wir waren so lange verblendet, dass wir uns vielleicht fragen, ob unser Geist in diesem Prozess für immer verunreinigt worden ist. Aber das ist nicht der Fall, denn Rigpa kann weder konditioniert noch verblendet werden. Es kann auch nicht durch Gedanken verunreinigt werden, da es nie geboren wurde. Es liegt jenseits der Verblendung, wie könnte es also verblendet sein? Rigpa ist angeboren, nicht gemacht, ohne Ende und ohne irgendeinen

Ursprung; von Anbeginn an hat es niemals als substantielle Wesenheit existiert.

Bedenkt jedoch auch, dass die Aussage nicht wahr ist, Rigpa sei eben gar nichts oder »einfach leer«. Die Natur des Geistes ist zwar leer, aber Samsara und Nirvana entstehen als ihr Ausdruck. In ihrer Leerheit ist die Klarheit, aus der heraus alles entsteht. Sie ist leeres Selbst-Gewahrsein, das sich durch strahlende Klarheit auszeichnet, die leer, ursprünglich rein und weit ist, die unmittelbar vollendete Weisheit der Leerheit, die nicht verfälscht ist oder beschränkt werden kann und keinen Extremen verfällt. Das Dzogpa Chenpo vereinigt Leerheit und Klarheit und überführt jede Wahrnehmung in Shunyata-Gewahrsein. Rigpa verkörpert die drei Kayas (Dharmakaya, Sambhogakaya und Nirmanakaya) und kann in keiner Weise verschleiert werden.

Mit dieser Sicht seid ihr genau im Herzen der Dzogchen Praxis, der Großen Vollendung. Guru Rinpoche sagte: »Der Dharmakaya jenseits des Verstandes ist die Natur selbst.« Die Natur des Geistes, Rigpa, ist jenseits des Verstandes, im Zustand des Dharmadhatu. Wir haben die Möglichkeit, den Geist Kuntuzangpos zu erreichen – er liegt in unserer Hand. Rigpa Gewahrsein ist das Wesen jeder der sechs Millionen vierhunderttausend tantrischen Unterweisungen. In den vierundachtzig tausend Strophen der *Prajñaparamita*[54] geht es im Grunde um nichts anderes als um die Vervollkommnung der Dzogpa-Chenpo-Sicht und um das Verweilen in der absoluten Natur von Rigpa. Es gibt absolut nichts, was darüber hinausginge.

Es gibt zwei Arten der Unterweisung. Die allgemeinen Unterweisungen erhalten viele Schüler, die essentiellen Anweisungen bleiben wenigen vorbehalten. Ich habe euch diese essentiellen

---

54 Skt., »Transzendente Weisheit«, Literatur über Leerheit, zurückgehend auf Nagarjuna aus dem 2. Jhd.

Anweisungen gegeben. Dzogpa Chenpo kann man nicht offen und für alle lehren. Die Schüler müssen zunächst die verschiedenen Ebenen der Erfahrung des Ngöndro durchschritten haben und das ist nicht nur eine Art Tribut, den man eben zu entrichten hat. Überdenkt man die vier Begründungen für die Hinwendung des Geistes zum Dharma, dann muss eine jede in die eigene Erfahrung integriert sein; erst dann habt ihr die Grundlage für eine Unterweisung wie diese geschaffen. Die tiefgründigen Dzogpa-Chenpo-Unterweisungen können auf gewöhnliche Weise nicht empfangen werden. Bevor eine solche Unterweisung gegeben wird, müssen viele Dinge in Betracht gezogen werden. Betrachte ich nun die momentane Situation, dann spüre ich, dass ich eure von Herzen kommende Bitte um die Dzogpa-Chenpo-Unterweisungen beachten muss. Deshalb erteile ich sie euch nun direkt und verstecke nichts. Ihr seid alle vom Glück begünstigte Schüler und dies ist der mit allen guten Vorzeichen versehene Augenblick.

Wenn ihr praktiziert und diesen Unterweisungen folgt, könnt ihr zweifellos die vollkommene Verwirklichung der Großen Vollendung erreichen. Vergesst nicht, dass das keine gewöhnliche Unterweisung ist; ihr könnt mit niemandem über ihren Inhalt sprechen und niemandem Notizen zeigen. Es handelt sich hier um einen essentiellen Herzens-Rat des Ur-Buddhas Kuntuzangpo, der in diesem Kreise bewahrt werden sollte. Gebt ihr diese tiefgründigen Lehren Menschen preis, denen die karmische Verbindung, die Offenheit oder das Verständnis fehlen, werden sie ihnen schaden statt nutzen. Diese Menschen verstehen die Lehren falsch, und letztlich entwickeln sie vielleicht die dämonische Sichtweise, dass selbst tugendhafte oder negative Handlungen irrelevant sind, da sie »bloß leer« sind. Wenn so etwas passiert, ist die betreffende Person schon verloren.

Wegen der tiefen Klarheit der Unterweisungen über das strahlende Gewahrsein unterstellte sie Buddha Kuntuzangpo verschiedenen Beschützern (*dharmapala*), wie zum Beispiel Rahula, Ekazati, Dam-Chen, Dorje Lekpa, Shenpa und anderen. Diese großen Wesen haben allesamt in seiner Gegenwart den Schwur abgelegt, seinem Vajra-Befehl Folge zu leisten. Wenn wir versuchen, darüber zu sprechen oder anderen unsere Notizen zeigen, fügen wir uns selbst Schaden zu. Beachtet ihr diesen Herzens-Rat nicht, dann könnt ihr, je nach dem Ausmaß eurer Nachlässigkeit, in schweren Fällen sogar euer Leben und in leichteren euren materiellen Besitz verlieren. Oder euer Körper und euer spirituelles Wachstum nimmt Schaden. Eine euch förderliche Situation könnte zerstört werden. Die an ihren Schwur gebundenen Beschützer werden mit Sicherheit darauf achten, dass die Lehren auf rechte Weise befolgt, erhalten und übertragen werden.

Ob ihr sie zu verwirklichen imstande seid oder nicht, hängt von euch selbst und eurem Einsatz ab. Bringt die Frucht dieser Anweisungen jetzt hervor! Verweilt im inneren Gewahrsein, in der Klarheit selbst, die frei von allem Künstlichen und jeder Vorstellung ist. Wenn Mitgefühl entsteht, arbeitet für das Wohl der anderen. Widmet alles Verdienst, das ihr durch eure Praxis erhaltet, dem Wohlergehen jedes einzelnen Elternwesens.

Ruft bei der Guru-Yoga-Praxis den Lama mit tiefster Hingabe herbei und bittet ihn mit Inbrunst um seinen Segen von Körper, Rede und Geist. Vermischt euren Geist dann mit dem des Lamas und verweilt in diesem Zustand jenseits aller Vorstellungen. Wenn ihr die Belehrungen des »Treffen der Essenz in drei Worten« (*tsig sum ney deg*)[55] empfangt, werdet ihr zunächst in die Natur des

55 Tib. (*tshig gsum gnad brdegs*) Eine Übersetzung dieses wichtigen Textes von Patrul Rinpoche findet sich in »Aus dem Handgepäck ei-

Geistes-an-sich eingeführt. Ihr verwirklicht sie durch das Guru-Yoga, wenn ihr in dieser Natur verweilt, ohne irgendwelchen Gedanken nachzuhängen. In der absoluten Klarheit, die der Geist des Lamas ist, beobachtet ihr die Natur eures eigenen Geistes. Während dieses Prozesses entstehen dann vielleicht subtile Gedanken. Sie können unmittelbar in reine Hingabe umgewandelt werden. Ihr mögt fragen: »Wie ist das möglich?« Es ist, indem ihr in der Essenz des Gedankens an den Lama verweilt. Da die Natur des Lamas von unserem eigenen Geist nicht zu trennen ist, befreit sich dieser Gedanke in selbst-entstehende Hingabe. Alle großen Vidyadharas der Vergangenheit haben über die Einheit von Geist-an-sich und Lama meditiert und sind so über die Begrenzungen des Verstandes hinausgegangen.

Es ist wirklich von größter Bedeutung, die Essenz aller Übungen in eine bestimmte Praxis zu integrieren. Wenn wir uns Dharma-Praktizierende nennen und dabei versuchen, viele verschiedene Übungen zu sammeln, dann ist das, als ob uns der Mund beim Gedanken an Delikatessen wässrig würde, die wir sowieso nie essen können. Statt sich durch eine Vielzahl von Unterweisungen ablenken zu lassen, ist es wesentlich besser, sich einsgerichtet auf die Praxis des Guru-Yoga zu konzentrieren und sich auf sie zu verlassen.

---

nes tibetischen Yogi. Grundlegende Texte der Dzogchen-Tradition«, aus dem Tibetischem übersetzt und mit Erklärungen versehen von James Low, edition khordong, 2013, sowie in »Der Flug des Garuda. Fünf Dzogchen-Texte aus dem tibetischen Buddhismus«, zusammengestellt und übersetzt von Keith Dowman, edition khordong, 2015. Beides ist im Wandel Verlag erschienen.

Vierter Vortrag

In der Natur des Geistes verweilen

Entwickeln wir den reinen Erleuchtungsgeist, der alle Wesen als Elternwesen erkennt. Obwohl es keine inhärente Existenz gibt, entstehen die Lebewesen aus der grundlegenden Verblendung. Wir nehmen diese Unterweisungen auf, um sie aus dem Leidensmeer zu befreien. Ohne Unterschied arbeiten wir für ihr Wohl, indem wir die essentielle Bedeutung der Lehren verwirklichen.

Ich habe euch bereits in die absolute Natur des Geistes eingeführt. Als Leitfaden habe ich dabei den ersten Teil von »Treffen der Essenz in drei Worten« herangezogen. Wir haben auch über die richtige Sicht, Meditation und das rechte Verhalten gesprochen, die der Einführung folgen sollten. Ich habe die Natur des Geistes-an-sich erklärt, der frei von der Beschränktheit und den Begrenzungen des begrifflichen Denkens ist. Sie ist die natürliche unverfälschte Erkenntnis, die spontan entsteht – das vom begrifflichen Denken befreite Rigpa.

In den unteren Yanas werden viele Aspekte erläutert, damit wir den Geist erkennen; bei dieser besonderen Unterweisung schauen wir dagegen direkt in das Gesicht des Geistes selbst, ohne eine äußere Methode dazwischenzuschalten. Andere Meditationen mögen spezielle Ziele oder festgelegte Beschränkungen und Grenzen haben; die Meditation der Großen Vollendung aber geht über rein intellektuelles Verstehen hinaus. Die Natur des Geistes ruht in den drei Kayas als die eine Verkörperung von ihnen allen. Bleibt frei, ohne von der Entschiedenheit dieser Sicht abzuweichen. Lasst die Wahrnehmungen der fünf Sinnesorgane los! Identifiziert euch nicht mit diesem oder jenem.

Wenn Gedanken auftauchen, bestätigt und überprüft sie nicht, beharrt nicht darauf! Lasst alles los und verweilt im Zustand der Absichtslosigkeit. Wenn ihr euch beim Meditieren sagt: »Ich meditiere«, seid ihr in eurer Praxis bereits einer Täuschung anheimgefallen, einfach weil ihr an der Vorstellung von einer meditierenden Person und dem Objekt der Meditation festhaltet. Welche Gedanken auch entstehen, lasst sie entstehen. Haltet sie nicht an. Welche Gedanken auch entstehen, folgt ihnen nicht. Geht über all das hinaus; lasst Subjekt und Objekt los. Manipuliert eure Gedanken nicht. Wenn ihr sagt: »Also gut, es gibt nichts, worüber es zu meditieren gilt«, ist auch dieses Konzept falsch. Lasst euch nicht von Projektionen ablenken und bleibt fest im Gewahrsein verankert. Wenn wir beständig in der lebendigen Klarheit dieses Gewahrseins fortfahren, dann sind die Momente in denen wir abgelenkt sind bloße Illusion.

Ihr braucht begriffliche Vorstellungen weder verhindern noch festhalten. Ihr braucht keiner Sache folgen und nichts bestätigen; lasst die Dinge einfach entstehen; haltet sie aber nicht aufrecht. Überlegt euch keine Hilfsmittel, mit denen ihr die Gedanken anhalten könnt, denn Gedanken besitzen von Natur aus keine festgelegten Merkmale. Fragt ihr: »Was sollen wir eigentlich tun?«, ist die Antwort: »Seid euch der Gedanken bewusst, ohne sie zu benennen.« Wenn ihr mit einem kleinen Kind in einen Tempel geht, wird es all die verschiedenen Bildnisse und Gottheiten in ihrer wahren Gestalt betrachten. Da es die Darstellungen weder intellektuell einordnet noch sie benennt noch sich mit ihnen identifiziert, wird es alles in seiner echten Farbe und Klarheit wahrnehmen. Immer wenn der Geist die Phänomene wahrnimmt und alles, was aus ihnen entsteht, geht es um eins: sich nicht damit identifizieren. Lasst einfach alles los.

Es gibt viele Dharmas und viele verschiedene Praxis-Methoden. Daher kann es vorkommen, dass Schülern die nötige Geistesschärfe oder das Verständnis fehlt und sie alles durcheinanderbringen. Sie können sich nicht auf die wahren Unterweisungen konzentrieren und die wahre Natur des Geistes nicht erkennen. Tatsächlich besteht das Wesen aller Dharmas darin, diese wahre Natur zu verstehen. Das ist die Quintessenz. Wenn wir keine Gedanken an die Vergangenheit oder Zukunft mehr pflegen, entsteht klares, lebendiges Gewahrsein. Sind alle Gedanken der Gegenwart zerstört und zukünftige noch nicht entstanden, so gibt es in diesem Zwischenraum ungetrübtes leuchtendes Gewahrsein und Gegenwärtigkeit, Rigpa, die wahre Natur des Geistes.

Wir können aber nicht lange in diesem Zustand verweilen. Ein neuer Gedanke wird entstehen. Dieser Gedanke darf aber nicht als von außen erwachsen betrachtet werden, sondern als Ausdruck des Geistes selbst. Erkennt ihr ihn nicht als dessen Ausdruck, dann wird er im selben Augenblick zur Verblendung und setzt eine Kettenreaktion von Täuschungen in Gang. Folgt den Gedanken nicht, erkennt sie direkt im Entstehen. Man braucht ihre Merkmale nicht bestimmen und sie nicht benennen. Erkennt sie einfach. Dann werden sich die Vorstellungen, konzeptuelle Gedanken, in den Dharmakaya hinein auflösen, denn sie sind nichts anderes als sein subtiler Ausdruck. Wenn wir Gedanken auf diese Weise beim Entstehen erkennen, ist es, als würde man in Wasser zeichnen – während man zeichnet, löst sich die Zeichnung auf. Blickt den Gedanken beim Entstehen direkt ins Gesicht, und sie werden sich in ihre wahre Natur auflösen. Alle Gedanken, die aus der Natur des Geist entstehen, können in das dem Geist eigene Gewahrsein hinein befreit werden. Das ist die Hauptpraxis, in der Sicht und Meditation eins werden.

Der große Meister Garab Dorje sagte:

> *»Wenn man dies plötzlich erkennt, kommt die wahre Natur des Geistes hervor. Es ist, als fände man einen Edelstein auf dem Meeresgrunde, er wurde nicht erdacht und nicht künstlich erzeugt.«*

Wir müssen eifrig praktizieren; dann entwickeln wir die Energie, die unsere eigene Natur Tag und Nacht ohne jede Ablenkung erkennt. Es ist sinnlos, einfach nur zu sagen, dass wir diese tiefgründige Unterweisung über die Natur des Geistes gehört haben, und es dann bei der Theorie zu belassen. Um wirkliche Vollkommenheit zu erreichen, müssen wir praktizieren, damit die Theorie umgesetzt wird.

Geben wir damit an, die großartigen Unterweisungen des Dzogpa Chenpo gehört zu haben oder schwätzen über Leerheit, praktizieren aber nicht, dann verkommt die Selbst-Befreiung zur reinen Theorie. Verwirklicht sie! Andernfalls werdet ihr Handlungen ansammeln, die auf der Ebene der relativen Wahrheit negativ sind und in die untersten Bereichen gelangen, so wie es in den anderen Yanas gesagt wird. In diesen Bereichen werden die Menschen wegen ihrer negativen Handlungen ununterbrochen in Eisen-Häusern inmitten ständig lodernder Feuer gepeinigt. In diesen verschiedenen höllischen Zuständen werden alle Wesen gnadenlos gefoltert und der Herr des Todes und seine Boten und Gefolgsleute verhängen unbeschreibliche Strafen. Wir sollten daran nicht zweifeln, da Buddha sagte, dass es so ist.

Es gibt die verschiedenen Höllen-Zustände, und die Wesen werden aufgrund ihres schlechten Karmas in diesen unteren Bereichen gequält. Untersuchen wir jetzt, was diese Höllen-Zustände sind und wer diese Leute sind, die andere foltern. Wie steht es mit ihrem Karma, das ja angeblich »unfehlbar« ist? Wie steht es mit diesen Eisen-Häusern und dem unablässig brennenden Feuer? Wer hat sie gemacht? Was ist das Schicksal jener, die sich in ihrer Grausamkeit solche Foltern ausdachten? Wie ist all das passiert? Was ist der Ursprung des Feuers?

Absolut gesprochen sind diese Höllen-Zustände unsere Projektionen, die aus unserem negativen Verhalten, unseren Missetaten oder Verfehlungen, erwachsen, so lehrte der Buddha. Unser Bewusstsein projiziert diese Höllenbereiche, und wir verfangen uns in ihnen. Diese absolute Sicht muss man verstehen, aber gleichzeitig die relative Sicht respektieren. Obwohl wir Wesen der drei Bereiche die Erleuchtungs-Essenz (skt.: *tathāgatagarbha*)[56] besitzen, können wir unsere ursprüngliche Natur nicht erkennen. Im ersten Moment werden wir von trügerischen Gedanken abgelenkt, im nächsten verfallen wir der Täuschung, projizieren verschiedene Zustände und fahren unaufhörlich fort, unseren Geist in die Irre zu führen. Das ist unser gegenwärtiger Zustand.

Bemüht euch eifrig und zweifelt nicht an der Wichtigkeit der Praxis! Praktiziert so, dass euer ganzes Leben zur Meditation wird. Reinigt die Wahrnehmungen und zerstört allmählich die dualistische Vorstellung von Subjekt und Objekt. Gebt euch nicht damit zufrieden, diese Unterweisung bloß auf der intellektuellen Ebene zu verstehen. Kurz, wendet die Unterweisungen einfach in eurem täglichen Leben an, und verringert allmählich eure groben Projektionen – Zentimeter für Zentimeter, von Augenblick zu Augenblick. Dabei wird allmählich eure innere Erkenntnis wachsen. Danach sollten wir streben. Unser Handeln darf der

56 Buddha-Natur, die grundlegende Natur, die allen Wesen eigen ist.

Sicht nicht widersprechen, etwa wegen eigener Vorlieben, persönlichen Stils, unserer gesellschaftlichen Position und so weiter. Wenn ihr die Bedeutung der Lehre falsch versteht oder sie nicht den Anweisungen gemäß in die Praxis umsetzen könnt, ist das mit Sicherheit viel zu wenig von dem was gebraucht wird. Zerschlagt eure dualistischen Konzepte von gut und schlecht, positiv und negativ! Solange ihr dazu nicht in der Lage seid, werdet ihr im Großen und Ganzen genauso bleiben wie ihr seid.

Ein Meister namens Dorje Lopön Urgyen Gyatso, der lange Zeit im Kloster Mindroling gelebt hatte, brachte schließlich das Spiel der Phänomene in Samsara und Nirvana zu einem Ende und wurde ein Yogi. Er verließ das Kloster, um seine Praxis zu vertiefen und gab sich dem Fluss der absichtslosen, klaren Manifestationen des Geistes hin. Eines Tages besuchte er einen engen Freund und Lama in Lhasa. Als er dort ankam, ging er direkt zum Haus seines Freundes und betrat dessen Schlafzimmer. Dort sah er, dass überall Kothaufen herumlagen und sein Freund die Haufen aufhob und aß. Als Gastgeber bot der Kot essende Lama seinem Gast natürlich an, an diesem Mahl teilzunehmen; dieser aber lehnte ab. Von der klösterlichen Hierarchie her war der Yogi, der hier zu Besuch kam, ein einflussreicher und mächtiger Lehrer von hohem Rang. Als er die Gastfreundlichkeit ablehnte, sagte sein Freund: »Aha, du hast also immer noch dualistische Vorstellungen.« Dies entsprach der Wahrheit. Sein Freund hatte dagegen die gesamte Praxis der Großen Vollendung gemeistert und alle Vorstellungen von gut und schlecht überwunden. Er hatte alle Sichtweisen in den Zustand des Einen-Geschmacks überführt. Da Urgyen Gyatso immer noch in der Manifestation der Phänomene verfangen war, zögerte er, das Angebot anzunehmen.

In der Großen Vollendung müsst ihr alle Phänomene, alle Wahrnehmungen des Geistes zur Ruhe kommen lassen, um zum

Zustand der wahren Dharmata[57] zu gelangen. Könnt ihr die Projektionen nicht erschöpfen, dann bleibt ihr im Großen und Ganzen so, wie ihr seid. Betrachtet euch so lange als verblendet, wie eure Handlungen noch nicht wirklich voller Vertrauen, unmittelbar und von jeder Zögerlichkeit und jedem Dualismus frei sind. Erkennt die Dinge, wie sie sind, und vertieft eure Praxis immer weiter.

Blickt in den Himmel – jedoch nicht im buchstäblichen Sinne – sondern in den Raum vor euch. Indem ihr in diesen Raum schaut, lasst den Geist frei; verweilt in natürlicher Gelassenheit. Verweilt in der wahren Natur des Geistes, so lange ihr könnt. Wenn ihr wieder daraus erwacht, Ablenkung und Zerstreuung auftritt, überführt alle entstehenden Vorstellungen wieder in die Praxis. Auf der Ebene der relativen Wahrheit hat sich der Dualismus von Samsara und Nirvana noch nicht erschöpft, und wir sind immer noch in dieser Sphäre der Relativität gefangen. Haltet Sicht und Praxis auch nach der Meditation beständig aufrecht. Bleibt selbst in eurem »normalen Leben« dabei. Vom absoluten Standpunkt her gibt es niemanden, der widmet und auch kein Verdienst, das man widmen könnte. Das können wir jedoch zur Zeit nicht erfassen, und deshalb wollen wir die Verdienste unseren gütigen Elternwesen widmen – aus Respekt dem Bereich der relativen Praxis gegenüber.

---

[57] Skt. (*dharmatā*) – So-heit, die wahre Natur der Wirklichkeit.

Fünfter Vortrag

Die Dzogchen Sicht der absoluten Wahrheit

Vor Beginn der Unterweisung müssen wir Bodhicitta erzeugen und erkennen, dass wir mit allen Lebewesen, deren Anzahl grenzenlos ist wie der Raum, verbunden sind – sie sind alle einmal unsere Eltern gewesen. So zahllos wie die Wesen, so zahllos sind die Verblendungen, so vielfaltig das Karma. Wir müssen dem Wunsch in uns Raum geben, allen diesen Wesen gleichermaßen die Befreiung zu bringen. Erkennt daher die fünf Vollkommenheiten und hört den Dharma-Ausführungen sorgfältig und aufmerksam zu. Was nun folgt, ist eine besondere essentielle Anweisung der Großen Vollendung (tib.: *men ngak dzogpa chenpo*). Zunächst einmal müsst ihr verstehen, was Dharma in Wirklichkeit bedeutet; erforscht dafür die Dinge von der Ebene der absoluten Wahrheit aus.

Was macht die absolute Wahrheit aus? Es ist die Natur der Phänomene, wie diese wirklich ist. Die absolute Wahrheit (*döndam denpa*) müsst ihr vollkommen verstehen – so, wie sie ist. Danach müsst ihr die relative Wahrheit (*kunzop denpa*) verstehen. Die vollkommen klare Manifestation, das Entstehen der Sphäre der Relativität, kann direkt beobachtet werden. Wir müssen sowohl die relative als auch die absolute Wahrheit erkennen und beachten, sie sollten für uns keinen Widerspruch darstellen. Die absolute Wahrheit ist vorurteilslos, grenzenlos und allumfassend; auf dieser Ebene sind alle Dinge gleich. Sie ist die ursprüngliche

Weisheit des Buddha, der ursprüngliche Zustand Kuntuzangpos, die alle dualistischen Festlegungen des Geistes überwindet. Wir können nicht in Worte fassen, was das Denken übersteigt.

In der absoluten Wahrheit liegen die Buddhaländer nicht über den Höllenbereichen. Gut und Schlecht sind bloße Erfindungen, alles ist identisch und leer. Aus dieser absoluten, leeren Gleichheit heraus erstehen klare subtile Manifestationen (*rigpai tsel*)[58]. Mit dem klar entstehenden *tsel*[59], manifestieren sich Dinge auf der relativen Ebene. In der absoluten Wahrheit ist alles von einem Geschmack. In der relativen Wahrheit manifestieren sich ohne Unterlass viele Dinge in vielerlei Gestalt. Dazu gehören die verschiedenen Arten der Weisheit, die mühelos spontan entstehenden Buddhaländer oder Samsara, die niederen Bereiche, Wesen und Existenzweisen. Die bedingte Verknüpfung der absoluten und relativen Ebene erzeugt glückverheißende Verbindungen (tib. *tendrel*, skt.: *pratītyasamutpāda*). Was auch entsteht, alles erscheint anstrengungslos und unweigerlich gleichzeitig als relative Wahrheit.

Die absolute Wahrheit ist also vollkommen, und alles ist gleich in ihr. Verschiedene Manifestationen entstehen von dieser Ebene aus, aber wir Lebewesen erkennen weder diese als Manifestationen selbst noch ihre innere Natur als leer. Wir sind eingefangen in Staunen und Verwirrung und reagieren sofort mit Dualismus und Festhalten.

Im Einen-Geschmack des Absoluten steht der Buddha nicht über den Lebewesen, noch die Lebewesen unter dem Buddha. Da alles vollkommen ist, ist nichts gut oder schlecht. Wir nennen

58 Tib. (*rig pa'i rtsal*) – Kreative Energie oder Potential und manifestive Kraft des reinen Gewahrseins.

59 Tib. (*rtsal*) – Kreativität, Energie, Potential und Ausstrahlung, kreatives Spiel, ausdrucksvolle Kraft.

diesen ursprünglichen Zustand »Kuntuzangpo« (skt. *Samantabhadra*), und das bedeutet »immerwährend gut«. Wir müssen diesen authentischen Zustand erfahren, unsere echte Natur, die in Leerheit verweilt. Die Dzogpa-Chenpo-Lehre erfordert unser Verständnis auf dieser Ebene weiter zu entwickeln. Im ursprünglichen Zustand Kuntuzangpos können wir gut und schlecht weder unterscheiden noch definieren; wir können nicht einmal eine Vorstellung davon formulieren. Wenn wir hier sagen, dass alles gleich ist oder dass nichts gut oder schlecht ist, sprechen wir dabei von der Ebene der absoluten Wahrheit her. Auf der relativen Ebene existiert in der Tat alles als gut oder schlecht, rein oder unrein. Wir müssen diese beiden Wahrheiten gleichzeitig erkennen und anerkennen.

Wenn wir die zwei Wahrheiten verwechseln, statt sie sorgsam und mit rechtem Verständnis auseinanderzuhalten, verfallen wir in die Extreme, alles für »leer« zu halten, dass es kein »gut« oder »schlecht« gäbe, und dabei Verblendung und Verdienst zu negieren; das ist ein Irrglaube. Diese Vorstellung, in der kein Platz für die Anerkennung beider Wahrheiten ist, ist eine zerstörerische dämonische Sicht und ist überhaupt nicht hilfreich. Verwirklichen wir dagegen die absolute Wahrheit im Dzogpa Chenpo, dann erreichen wir den Zustand Kuntuzangpos, die Gedanken erschöpfen sich und damit auch die Phänomene. Phänomene und Gedanken kommen zur Ruhe; alles ist über die Ebene der Begrifflichkeit hinausgegangen.

Wenn wir auf richtige Weise praktizieren und den Stand des Kuntuzangpo erreichen, lösen sich alle Erfahrungen, gute wie schlechte, in den Einen-Geschmack (*sang nyen ro nyam*)[60] auf. Die Vorstellungen von Du und Ich sind völlig beseitigt; das Ich

60 Tib., »Annehmlichkeit und Unannehmlichkeit sind von einem Geschmack«.

spielt keine Rolle mehr, und auch das dualistische Bewusstsein nicht. Wer nicht in dieser Weise tatsächlich erwacht ist, aber alles für gleich, leer und nicht-existent erklärt und behauptet, man bräuchte keinerlei Praxis, prahlt mit einer Sichtweise, die er nicht verwirklicht hat. Das ist für uns nicht Vollendung; die eigene Sicht ist hier weit von der Verwirklichung entfernt. Versteht zunächst, was mit Sicht gemeint ist, und setzt sie dann in die Praxis um; so könnt ihr eine tiefe Verwirklichung der Sicht entwickeln. Über etwas zu sprechen, was man nicht erfahren hat, ist eine Straße zur Illusion und hilft sicherlich nicht, euer Verständnis zu vertiefen.

Wie könnt ihr die Tiefe eures eigenen Verständnisses der Wahrheit überprüfen? Seid ihr glücklich, sobald euch jemand ein gutes Wort gibt und verstört, sobald euch jemand mit harten Worten angeht, oder setzt sich auf gute oder böse Worte hin sofort eine Kettenreaktion in Gang, dann bedeutet dies, dass ihr nicht die geringste Verwirklichung der absoluten Wahrheit besitzt. Solche Reaktionen können lebenslang fortbestehen. Durchdringt ihr die Wahrheit nicht mit eurer eigenen Einsicht, wird euer Körper im Tode durch den Veränderungsprozess gehen und euer Bewusstsein seine unverwirklichte Sicht beibehalten. Von welch grundlegender Bedeutung ist es doch, die Pforte zum ununterbrochenen Strom reinen Gewahrseins zu finden!

Im Zustand Kuntuzangpos, jenseits aller dualistischen Gedanken und Vorstellungen, gibt es so etwas wie Samaya und Samaya Bruch nicht. Aber wir, die wir nicht in diesem Zustand sind, sind völlig in der Dimension der Erscheinungen verfangen. Aus diesem Grund müssen wir die Samayas aufrechterhalten und Buddhaländer, Höllenwesen, Lebewesen und die sechs Bereiche anerkennen, sie in unserer eigenen Erfahrung und unseren Projektionen erkennen. Wir müssen die negativen und positiven

Auswirkungen selbst unserer unbedeutendsten Handlungen mit äußerster Präzision unterscheiden, bis wir im Zustand der ursprünglichen Weisheit Kuntuzangpos sind.

Kümmern wir uns, ohne ein Verständnis der wahren Natur zu besitzen, nicht darum, ob unser Verhalten gut oder schlecht ist, und halten ein Konzept der Leerheit aufrecht, ohne sie verwirklicht zu haben, dann bringt das unglaubliche Hindernisse und Verblendungen auf dem Pfad mit sich. Seid in eurem Tun sehr vorsichtig, achtsam und bewusst! Viele verschiedene Unterweisungen legen in allen Einzelheiten dar, was man ablegen und was annehmen sollte. Es gibt Erklärungen über Sicht, Verhalten, Ethik, das Ansammeln von Verdiensten, das Aufrechterhalten der Samayas und darüber, wie positive und negative Handlungen uns selbst und anderen nützen oder schaden. Solche Unterweisungen werden uns gegeben, während wir (immer noch) unter dem Einfluss von Illusion stehen und auf der dualistischen Ebene verfangen sind. Sie wurden speziell für uns, denen die absolute und die relative Wahrheit noch nicht wirklich eins sind, entwickelt.

Wollt ihr wirkliches meditatives Gewahrsein entwickeln, dann müsst ihr euren Geist in seinen natürlichen Zustand hinein entspannen – ohne Unterbrechung, und ohne irgendeinen Gedanken zu hegen. Es dabei zu belassen, nennen wir Meditation. Meditation bedeutet nicht, Gedanken zu beseitigen, sondern sie so zu lassen, wie sie sind, und nichts daran zu manipulieren. Wenn sich grobe Gedanken in ihre wahre Natur hinein auflösen, gilt das als wertvoll. Sind Gedanken noch nicht zur Ruhe gekommen, sondern entstehen immer wieder, gilt das nicht als eine gültige Meditation. Eure Meditation muss ohne die Vorstellung vom Meditieren sein – ihr müsst euch in den natürlichen Zustand entspannen – stetig, natürlich und mühelos.

Bei der Meditation verlässt man sich auf das innere Gewahrsein, das in uns allen gegenwärtig ist; das ist alles. Meditieren bedeutet, entspannt, offen, weit, ausgeglichen und ohne Anstrengung zu sein. Wenn ihr so seid, erschöpfen sich eure Gedanken langsam immer mehr, das innere Gewahrsein erwacht und alle Gedanken kommen auf der Ebene der Wahrheit zur Ruhe.

Zur Zeit sind wir verblendet, und wir müssen unbedingt zur absoluten Ebene fortschreiten. Wenn wir den Geist erforschen, erkennen wir, wie sich das Ego manifestiert, es ist ein spontanes Greifen nach einem »Ich«. Dies ist die Quelle aller Verblendungen und die Wurzel des Dualismus, der Subjekt und Objekt erzeugt. So nehmen die Illusionen Gestalt an. Da wir diese für wirklich halten, fallen wir Samsara anheim und projizieren die ganze Palette illusionärer Zustände. Unser dualistisches Festhalten an Subjekt und Objekt schafft alle möglichen Hindernisse. Der einzig gangbare Weg ist das Meditieren über das innere Gewahrsein des Geistes selbst.

Auf der absoluten Ebene ist alles gleich, rein und vollkommen. Auf der relativen Ebene können wir alles klar unterscheiden. Die relative Dimension zu übergehen und nur die absolute im Blick zu haben, ist sehr gefährlich: wir verpassen es möglicherweise, die beiden Ebenen in Einklang zu bringen. Achtet gewissenhaft auf die relative Wahrheit. Und genau die Meditation, bei der wir den Geist in seinem natürlichen Zustand verweilen lassen, wird die absolute Verwirklichung erwecken. Selbst Kunkhyen Longchenpa,[61] der die höchste Dzogpa-Chenpo-Ebene er-

61 Longchenpa (*klong chen pa*) od. Longchen Rabjam Drime Özer (1308-1364) war einer der scharfsinnigsten Lehrer der Nyingma Schule, der zahlreiche Werke zu Dzogchen und anderen Themen verfasste, die noch heute einen Grundstein für das Studium und Verständnis des Dzogchen bilden.

reicht hatte, zollte aus diesem Grunde allen relativen Handlungen größte Aufmerksamkeit. Unablässig sprach er Gebete und brachte Opfergaben dar. Er verfasste Gaben-Sadhanas und bedachte alle negativen Taten, die er möglicherweise begangen haben könnte. Was können wir als verblendete Wesen im Samsara aus der Tatsache schließen, dass ein großer Meister wie dieser, der schon zur höchsten Erleuchtung erwacht war, immer noch jeder kleinsten Tat Aufmerksamkeit zollte? Wir kommen nicht umhin, uns um die relative Ebene der Phänomene zu kümmern. Seid wachsam in all euren Aktivitäten; haltet diesen Respekt und dieses Gewahrsein aufrecht. Ohne einem korrekten Verständnis des Absolutem, sind Lippenbekenntnisse zur Leerheit wertlos und führen nur zu weiterer Verwirrung. Ihr werdet zur Ursache eurer eigenen Verblendung.

Stellt euch vor, jemand hält in der einen Hand ein Glas Limonade und in der anderen ein Glas Urin und bietet euch eins an. Welches würdet ihr wählen? Betrachtet ihr sie als gleich, ist euer Verständnis ziemlich weit. Wenn euch Gold und Silber, Steine und Erde weder gut noch schlecht erscheinen, habt ihr möglicherweise die absolute Wahrheit verstanden. Falls nicht, seid ihr immer noch in dualistischer Wahrnehmung gefangen. Haftet ihr an Vorstellungen wie gut und schlecht, schmutzig und sauber, hoch und niedrig oder schwätzt mit eurem dualistischem Geist einfach über höhere Ebenen des Gewahrseins, dann beweist ihr damit, dass ihr dort noch nicht angekommen seid. Nun beurteilt euch selbst. Erkennt, wie weit ihr wirklich seid.

Fassen wir zusammen: Solange wir ein Ego besitzen, gibt es unweigerlich auch Samsara und Nirvana, Verblendung und Verdienst. Haben wir es erschöpft, beenden wir das Haften am Ich in der Dharmadhatu-Sphäre, in der alles gleich ist und im höchsten Zustand. Solange wir am Ich haften – und sei es auch nur auf sehr subtile Weise – bringt das immer wieder Verblendungen hervor, die wir immer wieder erschöpfen müssen. Im Dzogpa Chenpo müssen wir zunächst die Sicht verstehen, dann müssen wir in die Natur des Geistes eingeführt werden und daraufhin durch unsere Praxis die Verwirklichung erreichen. Das ist die Bedeutung der im »Treffen der Essenz in drei Worten« (*tsig sum ney deg*) dargelegten Lehren. Das war die Einführung in die Natur des Geistes. Nun werden wir darüber sprechen, wie wir die Praxis auf drei Wegen, nämlich durch Sicht, Meditation und Verhalten[62] zur Vollendung bringen.

Bisher habt ihr etwas über den Erleuchtungsgeist, die Natur des Geistes und die Anwendung der Praxis gehört. Was die Praxis betrifft, betrachtet den Guru, der euch unterweist, als lebenden Buddha. Vergesst diese Sichtweise keinen Augenblick und richtet euer Gewahrsein stets darauf aus. Bittet euren Lama inbrünstig, euch den Segen zu gewähren, damit ihr durch die besonderen Übertragungen und Methoden seine erleuchtete Bewusstseinsebene erreichen könnt. Entwickelt ihr starke Hingabe, dann könnt ihr alle möglichen Hindernisse während der Meditation beseitigen und gleichzeitig verschiedene Arten von Verwirklichungen hervorbringen (oder dafür günstige Umstände erzeugen). Mit dieser besonderen Methode läutert man durch Hingabe jeden Gedanken, so dass er sich in sich selbst auflöst. Sie führt schnell zur Befreiung. Daher solltet ihr den Lama stets als einen lebenden Buddha betrachten.

Selbst wenn ihr den Lama richtig wahrnehmt, gibt es noch viele Hindernisse, die euch in den Meditationsphasen begegnen werden. So kann euer Geist dumpf werden und eure Meditation dadurch trübe. In diesem Fall solltet ihr euren Geist erfrischen und

---

62 Tib.: *tawa, gompa* und *chöpa* (*lta ba, sgom, phyod pa*).

ihm Energie zuführen. Manchmal ist euer Geist auch so zerstreut, dass ihr ihn keinen Augenblick stillhalten könnt. Entspannt euch dann innerlich und bringt ihn in einen ausgeglichenen Zustand. Auf Tibetisch nennen wir diese beiden Zustände *gödpa* und *mugpa.*[63] »Gödpa« bezeichnet den zerstreuten Geist und »Mugpa« den trägen, dumpfen Geist. In der kontinuierlichen Ausübung der Meditation gibt es immer noch die Bewegung von Gedanken, mit ununterbrochenem achtsamen Gewahrsein (*rigpa-drenpa*[64]) ist dies die Meditation. Wir wenden diese Technik immer an, gleich ob wir essen, schlafen, gehen oder uns zur formalen Meditation niedersetzen. Dieses nicht von gewöhnlichen Gedanken verunreinigte Gewahrsein halten wir auch nach der Meditation aufrecht.

---

63 Aufgeregter und lethargischer Geisteszustand (*rgod pa* u. *rmugs pa*).

64 Aufmerksamkeit, Achtsamkeit (skt. *smṛti*, tib. *dran pa*)

Sechster Vortrag

Trekchö

Erzeugen wir wieder den Bodhi-Geist und denken wir über das endlose Meer des Leidens nach. Entwickeln wir Bodhicitta aus tiefstem Herzen und hören wir die Unterweisungen mit reiner Motivation. Verwirklichen wir Bodhicitta, um unsere Elternwesen zu befreien. Wir hören die höchsten Unterweisungen des Vajrayana, das Dzogpa Chenpo, das den Geist direkt zum Erwachen führt. Wir kommen jetzt zu dem Teil der Unterweisung, der Trekchö heißt.

Im Dzogpa Chenpo gibt es zwei Haupt-Unterweisungen: das Trekchö (Festigkeit durchschneiden) und das Tögal (alles übertreffende Verwirklichung)[65]. Die Trekchö-Unterweisungen sind für jene Menschen gedacht, die geistig und psychisch so weit und offen sind, dass sie auch ohne ausgearbeitete Meditationsübungen zur Erleuchtung erwachen können. Die Trekchö-Unterweisungen können euch auf schnellstmögliche Weise zum Erwachen führen. Die Tögal-Unterweisungen sind dagegen für Schüler bestimmt, die in der Lage sind, mehr Anstrengung für ihre Praxis aufzubringen und ihr mit Eifer nachzugehen. Ich werde jetzt die Trekchö-Belehrungen vorstellen, da diese von besonderem Interesse für jene Schüler sind, die nicht viel Zeit haben und die Erleuchtung so schnell wie möglich erreichen wollen.

65 Einer der zwei Aspekte der Dzogchen Meditation., wörtl. übersetzt als »Sofortiges Überqueren« oder »Hinüber Springen«.

Im übertragenen Sinne könnte man sagen, Trekchö sei für Faulpelze, die unfähig sind zu meditieren. Es handelt sich hier um eine ganz besondere Methode, die uns sehr wenig Anstrengung abverlangt; man darf sie aber unter keinen Umständen missverstehen. Wir brauchen hier nicht meditieren. Wir erkennen unser Gewahrsein und verweilen in diesem inneren Gewahrsein. Es gibt keine Meditation und niemanden, der oder die meditiert. Keine bestimmte Körperhaltung oder Augenstellung ist in dieser Herangehensweise von Nöten. Diese Methode ist erhaben, tiefgründig und unmittelbar. Andererseits sind wir Lebewesen noch nicht auf dieser Ebene angelangt, wir müssen noch immer ohne Unterlass meditieren. Müssten wir nicht mit andauernder Anstrengung meditieren, warum sind wir dann noch in Samsara gefangen?

Was bedeutet denn diese Aussage, Meditieren sei nicht nötig? Aus der Sicht des Trekchö gibt es weder Meditation noch Meditierende, alles ist vom Einen-Geschmack des Gleichmuts. Die Unterweisungen und Methoden des Trekchö sind nur für sehr fortgeschrittene Schüler. Diese Praxis ist so subtil, dass man bei jeder Handlung meditieren kann, beim Essen, Schlafen, Gehen, in Bewegung oder in Ruhe. Wie bei der Nach-Meditation (bei den anderen inneren Tantras[66]) verbinden wir alle unsere alltäglichen Handlungen durch die Trekchö-Praxis und in ihr.

Wir verweilen im natürlichen Zustand klaren Gewahrseins. Welche Vorstellungen oder Emotionen auch entstehen – Glück, Traurigkeit, Leiden, Hoffnung, Ablehnung – wir lassen sie sein und machen keine Unterschiede. Der Geist-an-sich ist leuchtend, frei, lebendig und offen. Wir verweilen im ununterbrochenen,

---

66 Mahayoga (*mahāyoga*), Anuyoga (*anuyoga yāna*).

klaren Gewahrsein von Trekchö. Es liegt in der Natur des klaren Gewahrseins, dass wir uns nicht mit Gedanken identifizieren brauchen oder uns durch die verschiedenen Gefühle und Gedanken verwirren lassen müssen, die während der Meditation entstehen. Mögen jetzt grobe oder subtile Gedanken, Anhaftung, Ärger oder Leidenschaft entstehen: wir brauchen weder über sie meditieren noch nach einem Gegenmittel suchen, um sie in die Leerheit aufzulösen. Wir erkennen die Gedanken und Emotionen einfach nur und verweilen, ohne etwas zu verändern. Während wir in diesem natürlichen Zustand ruhen, werden sie von selbst frei – wie eine Schlange, die ihren verknoteten Leib aus eigener Kraft löst.

Wir haben großes Glück, eine solch wirkungsvolle Methode zu besitzen, mit der wir inneres Gewahrsein entwickeln und über jede Anstrengung und Abneigung hinausgehen können. Wieso sollten wir nach anderen ausgefeilten oder umfangreichen Übungen suchen oder auf andere Unterweisungen hoffen? Setzen wir diese tiefe Lehre nicht in die Praxis um und erzählen nur anderen davon, dann gleichen wir einem Papagei, der die Menschensprache nachahmt, aber nichts versteht. Es gilt zu praktizieren und die Unterweisung zu verwirklichen. Wir sollten uns freuen, wenn wir durch diese geschickte Methode den Dualismus des Geistes auflösen lernen. Dieser Schleier ist der Feind; er ist uns am vertrautesten und hält uns seit anfangsloser Zeit im Leidensmeer gefangen. Durch die Gnade und das Mitgefühl unseres verehrten Lamas können wir das ursprüngliche innere Gewahrsein erkennen. Wir können die zwei Feinde, das Greifen des Subjekts und das Greifen nach dem Objekt, völlig zerstören – so als würden wir eine Feder im Feuer verbrennen. Es ist wirklich ein Grund zur Freude, dass wir die Mittel haben, diese speziellen Feinde zu besiegen.

Wir sollten über die glücklichen Umstände nachdenken, unter denen wir diese besonderen Anweisungen erhalten haben. Was soll all unser spirituelles Streben, wenn wir sie jetzt nicht in die Praxis umsetzen? Das wäre so, als steckten wir einen wunscherfüllenden Edelstein in den Mund einer Leiche. Welch eine Verschwendung! Fasst euch daher ein Herz und widmet euch dieser Praxis ohne Unterlass.

Bei einem Anfänger in der Meditation werden unablässig diskursive Gedanken entstehen. Wenn er ihnen nachgeht, wird er abgelenkt und erfährt mehr negative Gedanken. Schneidet Gedanken nicht ab und fühlt euch nicht schuldig, wenn ihr abgelenkt seid. Folgt den verschiedenen aufkommenden Vorstellungen nicht und haltet kontinuierlich Aufmerksamkeit aufrecht, welches der Gedanken gewahr ist. Macht ihr das nicht, können Gefahren und Hindernisse für eure Meditation entstehen. Insbesondere können unsichtbare oder nahezu nicht wahrnehmbare, unterbewusste oder unterschwellige Gedanken zu Hindernissen werden. Solche Gedanken sind so fein, dass sie uns entschlüpfen und wir sie nicht sofort erkennen. Begegnen wir ihnen nicht mit vollkommener Achtsamkeit, vermehren sie sich immer weiter. Diese unterschwelligen Gedanken können auf sehr subtile, langsame und friedliche Weise entstehen. Fallen sie uns auf, sollten wir sie weder ablehnen noch ihnen nachgehen; wir brauchen unseren Geist lediglich in seinen natürlichen Zustand des Gewahrseins zurückbringen. Wir sollten uns keine Sorge um all die feinen, unterschwelligen Gedanken machen. Weist Gedanken nicht zurück, sondern seht sie als den Dharmakaya.

Bedeutende Meister haben hervorgehoben, dass *Namthog*[67] gleich *Chöku*[68] ist, dass alle Gedanken der Dharmakaya sind. Diese Aussage ist heute in aller Munde. Meditations-Anfänger besitzen jedoch nicht die Tiefe von *Lhagthong* (Vipassana)[69], ohne die man die Wirklichkeit des Dharmakaya nicht erfahren kann, in der »Namthog« gleich »Chöku« ist. Wenn wir Shamata[70] und Vipassana nicht klar differenzieren, könnten wir in einen Zustand der Ruhe verfallen, der überhaupt keinen Sinn hat. Wir mögen ein wenig Shamata-Meditation praktiziert haben und auch einige kurze Vipassana-Erfahrungen besitzen, aber wenn wir diese beiden Erfahrungen nicht unterscheiden können, haben wir noch kein genaues Verständnis von Meditation entwickelt. Wir meditieren nur über die Meditation. Daher nochmals: Welche Gedanken auch immer entstehen, wir überprüfen, analysieren und bewerten sie nicht und messen ihnen keine Bedeutung bei. Wir nehmen die verschiedenen Gedanken einfach nur wahr und erforschen sie nicht.

Gebt jede Anstrengung und Konzentration auf und hört auf, den Gedanken nachzugehen, sobald ihr sie erkennt. Seid unvoreingenommen wie ein alter Mann, der Kindern beim Spielen zuschaut. Da er nicht beteiligt ist, teilt er ihre Hoffnungen und Erwartungen über den Ausgang des Spieles nicht. Widmet euren Gedanken keine unnötige Aufmerksamkeit, sondern verweilt im von jeder Begrifflichkeit freien Gewahrsein.

---

67 Tib. (*rnam rtog*) – konzeptuelle Gedanken, Ideenbildung, abschweifendes Denken.

68 Dharmakaya (skt. *dharmakāya*, tib. *chos sku*).

69 Tib. (*lhag mthong*, skt.: *vipaśyanā*) – »Klares Sehen«, tiefgründige Einsicht, Weisheits-Meditation.

70 Skt. (*śamatha)* – ruhiges, friedvolles Verweilen, Einsgerichtetsein.

Wenn im Verlauf eurer Meditation ein Zustand entsteht, bei dem ihr euch ohne Gedanken niederlasst, solltet ihr ihn mit der Silbe »PHÄT« zerstören. Das »PHÄT« schreckt uns auf, wenn wir uns in ruhigen, dumpfen oder stagnierenden Zuständen festgesetzt haben. Verweilt in einem friedlichen Zustand nicht zu lange, sondern durchbrecht dieses Momentum plötzlich mit »PHÄT«. Wenn ihr das nicht tut, wird das Verweilen ohne Gedanken zu eine sinnlosen Ruhe hinführen; habt ihr diesen Zustand aber durchbrochen, wird das wache, ursprüngliche, immer gleiche Gewahrsein von Rigpa hervorkommen.

Während der Meditation werden verschiedene Erfahrungen (*nyams*)[71] entstehen. Dabei gibt es folgende Kategorien: Erfahrungen von Glückseligkeit, Klarheit und gedankenfreier Dumpfheit. Wir werden auf alle Fälle diese drei Erfahrungen machen, denn es gibt keine Meditation, die frei davon ist. Empfindet ihr also Glückseligkeit oder Klarheit, dann freut euch nicht, seid weder glücklich darüber noch aufgeregt. Geratet ihr in einen dumpfen Zustand ohne Gedanken, dann reichert keinen Zweifel und keine Angst an, sondern verweilt ohne Bedenken und Erwartung. Wenn ihr an diesen drei Erfahrungen festhaltet, werden sie zur Ursache für eine Wiedergeburt in der feinkörperlichen Welt (tib.: *sug kham*, skt.: *rūpadhātu*). Gehen wir daher über Samsara hinaus und haften nicht an diesen Erfahrungen, wann immer sie auch entstehen.

Anfängern können diese drei Erfahrungen gefährlich werden. Wenn Schüler, die erst zu meditieren beginnen, nämlich Glückseligkeit und Klarheit erleben, dann denken sie leicht: »Oh! Das ist eine gute Meditation«. Sie denken, nun sei alles in Ord-

---

71 Vergängliche meditative Erfahrungen von Glückseligkeit (*bde ba'i nyams*), Klarheit (*gsal ba'i nyams*) und der Abwesenheit von Gedanken (*mi rtog pa'i nyams*).

nung. Innen und außen fühlen sie sich wohl. Wer sich – wie viele Meditierende – für diese drei Erfahrungen entscheidet (d.h. sich von ihnen täuschen lässt), kann keine höhere Ebene erreichen. Im Atiyoga streben wir nicht nach diesen Erfahrungen. Greift daher nicht nach dem Glückseligkeits-/Klarheits-Nyam, denn letztlich handelt es sich dabei nur um eure eigene Vorstellung, nur um eine vorübergehende Erfahrung. In den Texten des Dzogpa Chenpo heißt es:

»Diese Erfahrungen sind flüchtig;
wie ein Stoffflicken fallen sie irgendwann wieder ab.«

Oder auch:

»Diese Erfahrungen sind wie Nebel,
sie halten nicht vor, sondern lösen sich wieder auf.«

Ganz gleich, welche Gefühle oder Empfindungen entstehen, greift nicht nach ihnen und haftet nicht daran. Viele Anfänger in der Meditation wurden bereits von diesen drei Erfahrungen getäuscht, seid daher vorsichtig; versucht, in der Natur selbst zu ruhen, und vergesst die Anweisungen eures Lamas nicht. Vergesst ihr sie doch, könntet ihr genauso gut gar nichts wissen. Es ist so, als würdet ihr es in einem Buch belassen – ihr könnt es nicht verwirklichen. Setzt ihr diese Anweisungen nicht in die Praxis um, sondern schreibt stattdessen nur alles fein säuberlich auf und beschäftigt euch mit eurem Notizbuch, so ist das eine ziemlich dumme Art, keinerlei Gewinn aus den Unterweisungen zu ziehen.

Setzt alles in die Praxis um, was ihr verstanden habt. Wenn ihr das nicht tut, wird euer Geist starrköpfig, weicht aus und geht in die Irre. Die Erfahrung eurer Praxis wird dann nie wirkliche Meditation hervorbringen, und der wesentliche Aspekt der Verwirklichung wird euch verlorengehen. Seid bitte gewissenhaft und praktiziert, was ihr in den Unterweisungen gehört habt! Könnt ihr es nicht praktizieren, dann habt ihr nichts erreicht, wenn ihr sterbt. Es heißt, dass ein alter Praktizierender, der viele Anweisungen erhalten hat, aber sie nicht in die Praxis umsetzen konnte, sterben wird wie ein Tier auf der Straße – von Fliegen übersät oder mit einer Salzkruste auf dem Kopf. Das bedeutet: Wenn ihr diese Unterweisungen nicht praktiziert, werdet ihr ohne irgendein Resultat sterben.

Fassen wir zusammen: Erfahren Anfänger während der Meditation eines der drei Nyams, Glückseligkeit, Klarheit oder das Freisein von Gedanken, sollten sie diese Erfahrungen ohne jedes Anhaften oder danach Greifen erkennen und voller Vertrauen im strahlenden Gewahrsein des Geistes verweilen. Falls sie das nicht beherzigen, werden diese Erfahrungen die Neulinge in der Meditation trügen oder täuschen. Betrachtet diese Gedanken oder Erfahrungen als Manifestationen oder Widerspiegelungen eures Geistes. Dann wird die Erfahrung der Nach-Meditation (*jethob*)[72], die aus beständiger Meditation erwächst, euer alltägliches Gehen, Schlafen, Essen usw. durchziehen.

Wenn ihr meditiert, kultiviert den natürlichen Zustand. Gleich welche Gedanken entstehen, verweilt achtsam (*shepa*)[73] im Gewahrsein (*rigpa*) selbst. Seid ihr zu lange in einer bestimmten Erfahrung festgefahren, dann zerstört diesen Zustand oder brecht ihn auf, indem ihr »PHÄT« äußert! Bleibt auch in der Nach-Me-

---

72 Tib. (*rjes thob*) – die Zeit zwischen den formellen Meditationssitzungen.

73 Tib. (*shes pa*) – grundlegendes Kennen oder Erkennen, etwas gewahr sein oder werden.

ditation (*jethob*) auf dieser Ebene. Wenn ihr eure Praxis mit dem Guru-Yoga verbindet, dann nehmt die *Skandhas*[74] der Sinnes-Bereiche, nämlich sichtbare Objekte, Klänge, Gerüche, Geschmacks- und Tastempfindungen usw. ohne jedes egoistische Greifen und ohne Anhaftung wahr. Haltet die Objekte nicht für wirklich existent. Betrachtet sie als eine Luftspiegelung oder einen Traum; haltet sie nicht fest, und fahrt in dieser Weise ungehindert in euren Aktivitäten fort.

---

[74] Die fünf psycho-physischen Aggregate (Daseinsgruppen, skt.: *pañca-skandha*): Form, Fühlen, Wahrnehmung, geistige Formation und Bewusstsein.

Siebter Vortrag

Hingabe zum Lehrer; Sicht, Meditation und die wahre Natur des Geistes; 3. Die Weiterführung der Praxis im Leben: Die Kontinuität der Nach-Meditation

Zum Wohle aller Lebewesen entwickeln wir Bodhicitta, damit wir diese Unterweisungen auf richtige Weise empfangen können. Stellen wir uns ernsthaft in den Dienst der Wesen. Obwohl es keine inhärent existierenden Phänomene gibt, verfangen sich die Lebewesen in ihrer Projektion von Form und lassen sich dadurch täuschen. Verwirklichen wir zu ihrem Wohle die Praxis des Dharma, die wahre Glückseligkeit und ein Verständnis der Natur des Geistes hervorbringt.

Wir haben bereits über die verschiedenen während der Meditation auftauchenden Erfahrungen und verschiedene Sichtweisen gesprochen. Nun möchte ich über die Anwendung der Praxis im Alltag sprechen. Die Tiefe eurer Verwirklichung wird sich nach der Stärke eurer Hingabe richten. Schüler mit der stärksten Hingabe an ihren Lama erreichen die höchsten Segnungen und Verwirklichungen. Jene mit mittlerer Hingabe erhalten einen gewöhnlichen Segen, während diejenigen mit geringer Hingabe sehr wenig Segen bekommen. Wer die absolute Weisheit erreichen möchte, muss die ursächliche Weisheit erzeugen. Dafür sind außergewöhnliche Hingabe an und Vertrauen in den Lama unabdingbar. Ohne diese ist die wirkliche Weisheit nicht zu erreichen. Das Herbeirufen der Segnung durch den Geistesstrom des Lamas ist die tragende Säule der Praxis; auf diese Weise bringen wir die ursächliche Weisheit und die absolute Weisheit im Erwachen zur Reife.

Wir sollten nicht-dualistische Hingabe zur Grundlage unserer Praxis machen. Wenn ihr die Hingabe genau untersucht, werdet ihr viele unterschiedliche Ausprägungen entdecken. Die vorzüglichste Form der Hingabe entsteht, wenn ihr bereits in früheren Leben eine Verbindung zu einem Lama hattet. Ihr seid dann in einer ganz bestimmten Energie-Sphäre, werdet wiedergeboren und habt das Glück, dann wieder mit eurem Lama zusammengeführt zu werden. Dadurch wird eure Sichtweise und euer negatives Karma gereinigt, und Hingabe entsteht ganz von selbst, wenn ihr nur den Namen des Lamas hört. Diese Art Hingabe ist ganz natürlich, kommt von innen und muss nicht erzeugt werden. Negatives Karma erschöpft sich beim Hören seines Namens. Ihr braucht dann nicht zu untersuchen, ob er wirklich ein Meister ist oder nicht – überwältigende Hingabe entsteht, und ihr könnt der magnetischen Kraft dieser spirituellen Verbindung nicht widerstehen.

Die zweite Art der Hingabe entsteht allmählich: Ihr habt die guten Eigenschaften des Lamas und seine Fähigkeit zu lehren beobachtet und könnt dadurch euren Geist für die wahre Lehre öffnen. Ihr konzentriert euch darauf, zu erkennen, wer der Lama wirklich ist. Auf diese Weise wird Hingabe absichtlich entwickelt. Diese Art der Hingabe ist heutzutage üblich; sie mischt sich allmählich mit eurem Geist und wird zur Gewohnheit. Es geht hier darum, zunächst durch Schulung Hingabe zu entwickeln; schließlich wird die Schulung selbst zur Hingabe. Sie vermischt sich mit eurem Verständnis, wird weit und vertraut und entwickelt sich ganz natürlich weiter. Bei dieser Entwicklung kann man drei Phasen beobachten: zuerst entsteht bewusst herbeigeführte Hingabe, zweitens bewusst herbeigeführte Hingabe, die sich mit eigenem Verständnis vermischt, und am Schluss die unmittelbare Hingabe.

Was nun den Aspekt des Segens betrifft, so erhalten wir in der ersten Phase bewusst herbeigeführten Segen. In der zweiten Phase, wenn sich die Hingabe ganz natürlich mit Verständnis vermischt, erhält man allmählich den wahren Segen des Lamas. Schließlich könnt ihr den unverstellten, unmittelbaren Segen des Lamas empfangen. Das sind die drei Phasen der Übertragung des Segens; wir empfangen ihn individuell und unseren Fähigkeiten gemäß. All dies steht im Einklang mit den großen Dzogpa-Chenpo-Lehren, die wir gerade gehört haben, und mit der wahren Natur des Geistes-an-sich.

Betrachten wir den Grund des Geistes, dann sehen wir, dass seine wahre Natur nicht beschrieben und nicht erfunden werden kann; selbst Buddhas waren nicht fähig, ihn zu beschreiben oder zu erklären. Wenn wir sagen, er sei nicht da, ist das ein Irrtum, denn aus ihm manifestieren sich Samsara und Nirvana. Wenn ihr zu einer klaren Entscheidung kommen wollt, ob er sich irgendwo aufhält oder nicht, oder wenn ihr entdecken wollt, ob er existiert oder nicht, fragt ihr vielleicht: »Was soll ich tun?« Der Geist-an-sich ist leer; seine Leerheit ist frei von Beschränkungen, und das erlaubt den Manifestationen von Samsara und Nirvana, in ihm zu entstehen. Er ist wie das Meer oder ein Fluss, denen die Fähigkeit eigen ist, nachts die Sterne widerzuspiegeln. Diese Widerspiegelungen sind der Ausdruck von Rigpa, das jenseits aller Begrenzungen und Extreme liegt. Es ist die Einheit von Leerheit und Form. Die Aspekte von Form und Formlosigkeit solltet ihr in eurer eigenen direkten Wahrnehmung erfahren.

Wir sollten verstehen, dass die große Leerheit (Shunyata) von Natur aus ohne jedes Hindernis ist und dass die sich manifestierenden Phänomene nichts anderes sind als der Ausdruck der Leerheit selbst. Wenn ihr diese Sicht nicht erfahrt und verwirklicht, sondern bloß daherredet und alles als »leer« bezeichnet, habt ihr überhaupt nichts verstanden. In eurem Handeln kommt euch die Sicht abhanden, wenn ihr denkt: »Da ja alles leer ist, brauche ich mich, solange ich diese großartige Sicht habe, nicht um richtiges Verhalten zu bemühen«. Durch eine solche Haltung schafft ihr eine äußerst negative Situation und ein völlig falsches Verständnis.

Ihr solltet verstehen, dass die wahre Natur jenseits von Begrenzungen oder Beschränkungen liegt, und solltet alles, was in eurem Gewahrsein entsteht, in eure Meditation einbeziehen. Lasst es sich selbst befreien! Verfallt nicht in die verblendete und extreme Haltung, Einzelheiten besondere Beachtung zu schenken. Das könnte euch länger in einem verblendeten Geisteszustand festhalten. Eure Meditation sollte weder zu entspannt noch zu verkrampft sein. Die Natur des Geistes geht über Vergangenheit, Gegenwart und Zukunft hinaus und so gibt es nichts, was unterdrückt werden muss.

Die großen Lehrer bezeichnen jegliche Aktivitäten des Alltags als Ausdruck des inneren Geist-an-sich, der strahlendes Gewahrsein ist. Anfängern fehlt die Fähigkeit, in dieser Art von Gewahrsein zu verweilen. Während wir unseren alltäglichen Aktivitäten nachgehen, ist das allgegenwärtige Gewahrsein tatsächlich immer präsent, aber möglicherweise ist es schwer erkennbar. Selbst wenn wir fähig sind, in einen Zustand absoluten Gewahrseins einzutreten, währt er nur für einige Augenblicke. Wir werden immer wieder abgelenkt und verlieren die Sicht.

Wir sollten die neun Aktivitäts-Aspekte von Körper, Rede und Geist aufgeben. Das erste sind die körperlichen Dinge: das Positive, das Mittlere und das Unwichtigste. Das bedeutet: Zunächst geben wir positive körperliche Handlungen auf, d.h. wir machen keine Niederwerfungen oder Umrundungen heiliger Gegenstände mehr. Zweitens geben wir weltliche alltägliche Handlungen auf; damit lassen wir die mittleren Aspekte körperlicher Bewegung hinter uns. Drittens fügen wir anderen mit unserem Körper keinen Schaden zu und gebrauchen den Körper nicht für irgendwelche negativen Zwecke.

Was die Rede betrifft, so geben wir die positive Handlung des Mantrarezitierens auf. Auf der mittleren Ebene hören wir auf, über unwichtige Dinge zu sprechen, zum Beispiel zu tratschen. Die schlechteste Tat in der Rede sind harte Worte, die negative Reaktionen hervorrufen; das sollte unbedingt vermieden werden.

Was den Geist betrifft, so geben wir die positive Handlung auf, die im Visualisieren von Gottheiten besteht. Mittelmäßige Gedanken lassen wir fallen, zum Beispiel Pläneschmieden oder Nachdenken über Vergangenheit, Gegenwart und Zukunft. Negative Handlungen des Geistes müssen wir vollkommen aufgeben, etwa die Absicht, anderen zu schaden oder über andere negativ zu denken.

Wenn wir den frischen und lebendigen Geist des Klaren Lichts erreichen wollen, brauchen wir sowohl Meditation als auch Bemühen. Es muss nicht extra erwähnt werden, dass wir sehr fleißig sein und die richtige Art von Anstrengung für die Praxis aufbringen müssen. Nach einiger Zeit wird sich der Geistesfaktor der Anstrengung allmählich auflösen und zur Erfahrung selbst werden. In diesem Augenblick wird es möglich, die Natur des Geistes wahrzunehmen – so wie sie ist. Wenn sich Bemühen zur Mühelosigkeit gewandelt hat, eröffnet sich uns die Erkenntnis des Geistes-an-sich, leuchtendes und strahlendes Gewahrsein. Ganz gleich, wie fortgeschritten unsere Übungen sind, solange da immer noch eine leise Spur von Anstrengung ist oder wir immer noch einen Gedanken auf sie verwenden, geht damit eine winzige Anspannung einher. Allmählich löst sich dieser Gedanke jedoch auch auf und wird zu einer mühelosen und tiefen Verwirklichung. Wenn das geschieht, ist es, als würde euch ein Hemd, ein Schal oder eine Decke vom Leib gezogen; ihr habt plötzlich eine Empfindung von Leichtigkeit und Klarheit, ein plötzliches Gefühl des klaren Raumes, als ob eine Last, ein Druck oder ein Schleier von eurem Körper genommen worden wäre.

Zunächst kommt uns die Befreiung der Gedanken (durch ihre Erkenntnis) so vor, als begegneten wir einem alten Bekannten. Wir haben die Empfindung von Vertrautheit und sofortiger Offenheit. In der zweiten Phase befreien sich die Konzepte und Wahrnehmungen von selbst, wie eine Schlange die sich ausrollt. Eine eingerollte Schlange entrollt ihre Windungen ganz natürlich und ohne Anstrengung. In der dritten Phase haben wir vollkommenes Vertrauen gewonnen, der Prozess der Befreiung von Gedanken wird durch das Beispiel eines Diebes verdeutlicht, der ein leeres Haus betritt, wo es nichts zu stehlen gibt. Es entsteht weder Schaden noch Nutzen. Diese drei Phasen entwickeln sich eine nach der anderen; durch sie gewinnt man unerschütterliches Vertrauen dazu, dass alle Dharmas lediglich der Selbst-Ausdruck von Rigpa sind.

Wenn alle Phänomene für euch zum Ausdruck des wahren inneren Gewahrseins werden, wenn sich diese Art von Tiefenerfahrung in euch entwickelt, dann wird es euch nicht mehr interessieren, was einen Buddha oder die Buddhaschaft ausmacht. Ihr verliert eure Vorlieben für Samsara oder Nirvana und hört auf, eines von beiden für besser zu halten als das andere. Ihr verschmelzt alles zu einer Einheit und geht über das begriffliche Denken hinaus. Im strahlenden Gewahrsein gibt es kein Konzept und keine Bewertung von »Gut« und »Böse«. Wenn das alles geschieht, entwickelt ihr euch zu einem Yogi, dessen sichtbares Handeln spontan und frei ist. Eure innere Verwirklichung ist ein unveränderlicher Zustand absoluter Klarheit. Es ist wie beim Zerbrechen eines Gefäßes; die Luft im Gefäß vermischt sich mit der Luft außerhalb. Das Bewusstsein und die gewöhnliche Manifestation des Körpers vermischen sich mit der absoluten Natur selbst.

Während der Yogi so in müheloser Meditation verweilt, entfernt er sich nie von seiner eigenen wahren Natur. Je nach dem Grad des von euch erreichten Gewahrseins stellen sich verschiedene Verwirklichungen ein. Bei einigen vom Glück begünstigten Schülern entsteht die letztendliche Verwirklichung ziemlich rasch und ganz unmittelbar. Andere brauchen länger; das hängt von der Reinheit ihres Karmas, ihrer Verbindung mit dem Lama und ihrem Verständnis ab.

3. Die Weiterführung der Praxis im Leben

Nun werden wir darüber sprechen, wie man die Sicht und die Praxis nach der eigentlichen Meditation aufrechterhält, die Achtsamkeit pflegt und im Fluss der Erfahrung bleibt. Wollen wir die Praxis nach der Meditation weiterführen, benötigen wir achtsames Gewahrsein im Alltag, damit »normale« Aktivitäten zu einem Ausdruck des Dharma werden. Der große Weise Padmasambhava sagte:

> *»Obgleich meine Sicht weit ist wie der Raum, sind mein Verhalten und mein Achten auf Ursache und Wirkung feiner als Gerstenmehl.«*

Vom Standpunkt der relativen Wahrheit aus ist es äußerst wichtig, die Samayas aufrechtzuerhalten und all unser Handeln zu überwachen, welches Karma erzeugt und dabei Ursache und Wirkung zum heranreifen bringt.

Im geheimen Vajrayana sind die Samayas etwas Vielschichtiges. Wenn wir sie kurz und prägnant definieren wollen, dann könnte man die Beachtung der körperlichen, sprachlichen und geistigen Disziplin des Lamas als die tragende Säule bezeichnen. Nehmt ihr den Lama als gewöhnliches Wesen wahr, wird der Segen für euch nur stark vermindert zur Reife kommen. Die Segnungen, die ihr direkt vom Lama erhalten könntet, werden um Jahre, Monate, Wochen oder Tage hinausgeschoben. Es heißt, es komme allein auf unsere Sicht des Lamas an, ob wir Segen und Verwirklichungen von ihm erhalten.

Habt ihr noch keine Ermächtigungen oder Unterweisungen empfangen, seid ihr noch nicht in diese Dinge einbezogen. Sobald ihr aber Unterweisungen und Ermächtigungen von einem Lama erhalten habt, seid ihr durch die Samayas gebunden. Die folgenden Worte sind Teil jeder Ermächtigung:

> *»Von nun an werde ich dich als meinen Lama annehmen, dir folgen und alle Verpflichtungen einhalten. Ich werde alles ausführen, was der Vajra-Meister von mir verlangt.«*

Dadurch seid ihr automatisch an die Samayas gebunden. Wenn ihr Ermächtigungen und essentielle Anweisungen von einem Lama erhalten habt, habt ihr euch durch ein spirituelles Band an ihn gebunden und habt daher keine Wahl mehr. Folgt ihr seinen Ratschlägen oder Anweisungen nicht, könnt ihr, auch wenn ihr das nicht wollt, »Samaya-Brecher« genannt werden. Vielleicht wollt ihr lieber gar nichts davon hören, doch ich sage nur, wie es ist. Da die Samaya-Verbindung das Fundament der direkten Dharma-Übertragung ist, könnt ihr euch nicht vor der Verantwortung drücken, indem ihr sagt: »Dies ist ein hoher Lama mit einer großen Schülerschaft, daher glaube ich, dass mein Samaya wirklich bindend ist« und auf der anderen Seite: »Dies ist ein geringer oder bescheidener Lama, daher bin ich an meinen Samaya ihm gegenüber nicht so sehr gebunden.« In Wahrheit richtet sich die Wichtigkeit des Samaya nach der Ebene der Ermächtigung und der Tiefe der essentiellen Anweisungen. Der Samaya hat nichts mit der Position und dem Status des Lamas zu tun, sondern mit der Tiefe der Unterweisungen oder Einweihungen.

Überprüft für euch selbst, was für euch gut ist. Wenn ihr das nicht beherzigt, seid ihr wie ein störrisches Pferd – es ist ohne Empfindung und verwirrt, es will nichts tun. Das ist nicht hilfreich. Beobachtet es für euch selbst und überprüft, ob der Samaya dem Lama nützt oder euch. Wem nützt er? Untersucht es. Wenn ihr die Samayas zum Wohle des Lamas aufrechterhaltet, solltet ihr sie besser gleich aufgeben. Aber es ist sinnlos zu versuchen, euer Gesicht mit Asche zu beschmieren und dabei keine Notiz davon zu nehmen, wer den wirklichen Gewinn davonträgt. Vertieft euch so weit in diese Dinge, wie ihr dazu in der Lage seid.

Die ersten Schritte beim Eintritt in den Dharma sind die Zufluchtnahme und das Erzeugen von Bodhicitta. Die Zufluchtnahme ist sehr wichtig, und deshalb erörtern wir sie jetzt nochmals. Wenn wir Zuflucht zu Buddha, Dharma und Sangha nehmen, sollten wir uns vor allem drei Punkte zu eigen machen: Da wir Zuflucht zu Buddha genommen haben, müssen wir den bildlichen Darstellungen des Buddha größte Ehrerbietung und Hingabe entgegenbringen. Selbst ein kleines Buddha-Bildnis sollte man sofort an einen angemessenen Ort stellen und verehren.

Was den Aspekt der Rede betrifft, so sagte Buddha, er werde sich in Zukunft in Form von Silben manifestieren. Der Buddhadharma wird in Silben ausgedrückt und es ist sehr wichtig, diese Silben genauso zu ehren wie die Rede des Buddha. Ich sehe ständig, dass heutzutage viele Bücher mit Darstellungen von Buddhas oder Gottheiten für weltliche Zwecke gedruckt werden. Nicht nur das hält man heute für akzeptabel, sondern auch, dass die Leute solche Bücher als Sitzunterlagen benutzen. In unserer Tradition dagegen halten wir den Worten des Dharma gegenüber einen gewissenhaften und bewussten Respekt aufrecht, da sie spirituell bedeutsame Dinge ausdrücken. Daher ist es absolut negativ, sich auf Dharmabücher zu setzen, über sie zu steigen oder zu springen. All dies bezeugt mangelnde Ehrfurcht den Lehren gegenüber und häuft negatives Karma an.

Nun zum dritten Aspekt: Da wir Zuflucht zur Sangha genommen haben, müssen wir eine reine Wahrnehmung und wirklichen Respekt bewahren. Schon von der Zufluchtnahme her müssen wir selbst überprüfen, ob wir die eingegangenen Verpflichtungen einhalten. Ungeachtet der anderen Samayas stellt die Zufluchtnahme nämlich den grundlegenden Samaya dar, den wir auf jeden Fall einhalten und ihm gemäß handeln sollten. Wenn wir diese Grundsätze nicht beachten und Buddha, Dharma und Sangha keine Achtung erweisen, dann schadet das zwar den Buddhas nicht, wir aber können damit unser eigenes positives Karma erschöpfen und uns selbst schaden. Statt unser positives Karma zu mehren, sammeln wir negatives Karma an – das ist jedoch etwas, was wir mit Sicherheit nicht brauchen.

Achter Vortrag

Der Haupt-Lehrer

Auch vor dieser Unterweisung erzeugen wir Bodhicitta und erkennen, dass seit anfangsloser Zeit alle Lebewesen unsere Mütter und Väter gewesen sind. Wir empfangen die Dharma-Lehren, um Weisheit zu entwickeln und zum Wohle dieser gütigen Elternwesen zu arbeiten.

Es ist von grundlegender Wichtigkeit, die absolute Sicht zu kennen, aber das allein genügt nicht. Die Phänomene entstehen im relativen Aspekt, als natürlicher Ausdruck von Rigpa. Das geschieht ganz unmittelbar; es ist nicht bloßes Nichts, aber ebenso wenig etwas, was wir anstreben oder ablegen müssten. Ohne ein wirkliches Verständnis der relativen Wahrheit haben wir keine Grundlage für die Erfahrung der absoluten Natur. Es gibt Buddhaländer, Höllenbereiche und die sechs Arten der Existenz. All das manifestiert sich in Abhängigkeit von Ursachen und Bedingungen; die innere Natur dieser Manifestationen muss jedoch von der absoluten Ebene her wahrgenommen werden. Wenn wir den relativen Aspekt außer acht lassen und ausschließlich an der absoluten Ebene haften, gewinnen wir gar nichts. Wir müssen das Gewahrsein des Relativen und des Absoluten in unserer eigenen Erfahrung vereinen.

Bei der Meditation selbst unterscheiden wir gewöhnliche und außergewöhnliche Formen. Bei der gewöhnlichen Meditation visualisieren wir die reine Gottheit und erhalten ihren Segen.

Das sollten wir nicht trennen von der Erfahrung im Anschluss an die Meditation, sondern immer ein Gewahrsein von Karma aufrechterhalten, dem wir nicht entrinnen können, selbst wenn wir uns darüber hinwegtäuschen wollen. Wir müssen sehr bewusst auf unser Handeln achten. Wenn wir denken, wir seien in einem Zustand der Meditation und könnten daher die relative Sphäre unseres Verhaltens außer acht lassen, werden wir nie sicher sein, wohin unsere Meditation wirklich führt. Wir vertrauen dann auf eine Meditation ohne jede Klarheit und schlagen damit einen gefährlichen Weg ein. Daher sollten wir, wenn wir über eine Gottheit meditieren, jederzeit peinlich genau auf die relative Wahrheit und ihre Beziehung zum Karma achten. Wir sollten darauf achten, dass die Manifestation der relativen Wahrheit sich mit der absoluten Meditation der Gottheit so vermischt, dass beide eins werden. Ein Vogel braucht zum Fliegen zwei Flügel. Mit einem Flügel geht es nicht. Auf ähnliche Weise müssen sich relative und absolute Praxis gegenseitig durchdringen.

In der Zeit zwischen den Meditations-Sitzungen sind zwei Dinge wichtig: Zunächst müssen wir alle potentiellen Hindernisse reinigen oder beseitigen. Danach erlauben wir im zweiten Schritt den glückbringenden Situationen, von selbst zu entstehen. Lasst sie einfach hervorkommen, ob aus dem Aspekt der Meditation oder der Nach-Meditation. Wenn ihr subtile Hindernisse beseitigt, wird von innen heraus ein Segensstrom entstehen. Es geht also zum einen um die Beseitigung von Hindernissen und zum anderen um die Erzeugung des Segens. Beides ist von grundlegender Bedeutung.

Grundlage des Samaya ist, dass er eingehalten wird. Damit bestellen wir den Boden, auf dem unsere spirituelle Erfahrung reifen kann. Wir können den Kern der vielen Samayas – einige, die mit Ermächtigungen oder essentiellen Anweisungen einhergehen, sind ziemlich kompliziert – herausarbeiten, indem wir die Samayas von Körper, Rede und Geist des Lamas betonen. Ich habe Guru Rinpoches Manifestation des Mandalas der Phurba-Gottheit beschrieben und seine Frage, ob die Schüler die Ermächtigung von der Gottheit oder vom Lama empfangen wollen. Wenn ihr den Lama als untrennbar eins mit euch selbst visualisiert, müsst ihr euer Verständnis auf diese Ebene bringen, nur dann kann eine echte Erfahrung des Guru-Yoga entstehen.

Jeder große Lehrer und jeder Buddha hatte eine Verbindung zu einem Meister, und alle kamen auf diese Weise zur Erleuchtung. Daher ist es auch so wichtig, den Lama und das Mandala als untrennbar eins zu erfahren. Selbst unsere glückverheißende Verbindung zum Dharma verdanken wir dem Kontakt zu unserem Lama. Er verkörpert jeden Aspekt der Lehre. Wenn ihr die Ermächtigung von einem Lama erhaltet, sind die Gottheiten des Mandala der direkte Ausdruck der Weisheit des Lamas. Wir sollten das innere Einssein dieser Dinge wahrnehmen.

Ihr müsst auch wissen, dass es viele verschiedene Arten von Lamas gibt. An erster und höchster Stelle steht der Lama, der euch durch eine Ermächtigung des geheimen Vajrayana zur Reife bringt, der Vajra-Meister (*Dorje Lopön*)[75]. Er sollte als untrennbar eins mit den Gottheiten des Ermächtigungs-Mandalas erkannt werden.

Wenn ihr eine Einweihung in die geheime Vajrayana-Praxis erhalten habt, dann ist das auch eine Einweihung in das geheime Vajrayana-Mandala. Der Lama gewährt euch vier Ermächtigun-

---

75 Skt. *vajrācārya* oder *vajra acharya*, tib.: *Dorje Lopön* (*rdo rje slob dpon*). Der Vajra-Meister ist ein qualifizierter Vajrayana-Lehrer, eine spirituelle Autorität, der dazu ermächtigt ist Vajrayana-Lehren und Praktiken zu übermitteln und anzuleiten.

gen: die Ermächtigung des Körpers (Vasen-Ermächtigung), die Ermächtigung der Rede, die Ermächtigung des Geistes und die vierte Ermächtigung, die des Wortes. Den Lama, der euch diese vier gewährt hat, müsst ihr als euren Vajra-Meister betrachten. Durch die wirksame Methode der Vajrayana-Einweihung durchlauft ihr nicht nur einen spirituellen Reifeprozess, sondern werdet auch direkt in das tiefgründige Mandala aller Buddhas eingeführt. Diesen Vajra-Meister könnt ihr allein schon deshalb als den eigenen Lama betrachten, weil er die wirksamen Methoden der direkten Ermächtigung einsetzt, die euch eure eigene Natur erkennen lassen. Da er euch dies zu übertragen vermag, solltet ihr ihn entweder als euren Haupt- oder Wurzel-Lama (*Tsawai Lama*)[76] betrachten oder als den Haupt-Lama, der auch euer Vajra-Meister ist (*Tsawai Lama Dorje Lopön*).

Noch eine andere Art von Lehrer gewährt euch Einweihungen von Körper, Rede und Geist. Obwohl solche Einweihungen auf einer anderen Ebene stattfinden als die Übertragungen eines Vajra-Meisters, sollte man diesen Lehrer auch als Lehrer betrachten. Es handelt sich um die Übertragung der Reinen Vision (tib.: *dag snang*), bei dem es eher um den visionären Aspekt des Segens einer Gottheit geht. Solch ein Ritual hat nicht die Tiefe einer Ermächtigung durch einen Vajra-Meister.

Keine Beziehung ist enger als die zum Haupt-Lama, denn er hat euch nicht nur in ein geheimes Mandala eingeweiht und euch die damit einhergehenden Anweisungen und Ermächtigungen gegeben, sondern euch auch noch weitere Dharma-Übertragungen, Erklärungen und essentielle Anweisungen gewährt. Wenn diese drei Dinge geschehen, ist der Lama tatsächlich euer Haupt-Lama.

---

[76] Siehe Fußnote 37 auf S. 50.

Neunter Vortrag

Die günstigen menschlichen Voraussetzungen, Vierzehn Hauptverfehlungen

Erzeugen wir den Wunsch, unsere gütigen Eltern-Wesen von der Last ihres unendlichen Karmas zu befreien. Obwohl sich die Lebewesen Glück wünschen, leiden sie doch ohne Unterlass im Samsara. Wenn uns das bewusst wird, haben wir keine Wahl – wir müssen Bodhicitta erzeugen. Wir, die wir die Unterweisungen der Großen Vollendung aufnehmen, müssen mit größter Entschlossenheit alle Eltern-Wesen zu befreien trachten.

Um den heiligen Dharma praktizieren zu können, brauchen wir die günstige Voraussetzung einer menschlichen Geburt[77]. Ohne diese gäbe es für uns keine Möglichkeit, Dharma zu prak-

---

77 Es gibt acht Freiheiten und zehn Bedingungen der menschlichen Geburt: Die Freiheit nicht in den acht Bereichen geboren zu sein, in denen keinen Dharmapraxis möglich ist: 1. in den Höllen, 2. als Hungergeist, 3. als Tier, 4. als langlebender Gott, 5. in unzivilisierten Ländern, 6. mit eingeschränktem Vermögen, 7. mit falschen Sichtweisen, 8. wo keine Buddha geboren wurde. Die zehn Bedingungen sind A. die fünf äußeren Umstände: 1. ein Buddha war erschienen, 2. er hat das Dharma gelehrt, 3. die Lehren sind erhalten, 4. es gibt Anhänger dieser Lehren, 5. es gibt günstige Umstände, diese Lehren auszuüben; B. die fünf persönlichen Umstände: 1. als Mensch geboren zu sein, 2. in einem zentralem Land zu leben, 3. mit vollständigen Fähigkeiten ausgestattet zu sein, 4. keinen grundlegend falschen oder schlechten Lebensstil zu pflegen, 5. Vertrauen in die drei Pitakas (»Körbe« der Lehre) zu haben.

tizieren. In diesem kostbaren Leben haben wir das einzigartige Glück einer menschlichen Existenz, die so viele Vorteile mit sich bringt, und sind auf den vollkommenen Dharma getroffen. Daher sollten wir in diesem Leben wirklich praktizieren. Wir können in dieser Welt viele verschiedene Formen annehmen, aber selbst unter Milliarden menschlicher Wesen gibt es nur sehr wenige, die die wahren menschlichen Möglichkeiten verwirklichen. Eine menschliche Geburt allein genügt nicht, wir müssen uns auf den Pfad des wahren Dharma begeben. Wenn wir völlig mit weltlichen Handlungen beschäftigt sind und keine Zeit für die Praxis finden, werden wir den Möglichkeiten des menschlichen Körpers nicht gerecht; dann werden wir wieder einmal durch weltliche Aktivitäten abgelenkt und wandern weiter im Teufelskreis von Samsara umher. Hier und jetzt sind wir auf den vollkommenen spirituellen Pfad gestoßen und müssen begreifen, welches Glück wir haben. Wir sollten auf positive Weise darüber nachdenken, dass wir durch Praxis die Essenz des Dharma herausarbeiten können. Lasst uns mit großer Ernsthaftigkeit die Drei Juwelen als Zeugen anrufen und ihren stets gegenwärtigen Segen erbitten, damit wir die Bestrebungen eines Bodhisattva erzeugen und ausführen mögen.

Wir besitzen diesen kostbaren Menschenkörper nur aufgrund von bestimmten Bedingungen, und er unterliegt der Vergänglichkeit und dem Tod. Wir als seine Besitzer treiben auf den Wassern der vier großen Flüsse des Leidens: Geburt, Alter, Krankheit und Tod. Wir müssen erkennen, dass alles vergänglich ist und dass selbst unsere günstige Existenz als Menschen keinen Bestand hat. Im Allgemeinen versuchen wir, die Augen vor der Tatsache zu verschließen, dass wir sterben müssen. Aufgrund unserer Anhaftung an Samsara unterliegen wir der Täuschung eines beständigen Lebens. Wir verkennen die Wirklichkeit und glauben, dass der Tod uns nicht ereilen wird. Dieser Irrglaube wird durch unsere weltlichen Aktivitäten noch verstärkt. Wir erkennen nicht, dass das weltliche Leben keinerlei Substanz besitzt. Aber in all dem betrügen wir uns nur selber – und niemand anders. In unserer Todesstunde werden alle Handlungen dieses Lebens nochmals im Geiste an uns vorüberziehen – dann werden wir erkennen, dass sie alle ohne Nutzen und Substanz waren. Die Wahrheit der Vergänglichkeit ist, dass wir nicht für immer hierbleiben können; der Mara des Todes lädt uns ständig in sein Reich ein.

Buddha sagte zum König Bindra Sagar:

> *»Hört mir zu! Ihr müsst sterben, und wenn der Tod kommt, könnt Ihr Eure Besitztümer, Euren Ruhm, Eure Vergnügungen, Eure Macht und Eure Gefolgschaft nicht mitnehmen.«*

Auch wenn Ihr Euren Körper noch so pfleglich behandelt – nicht einmal ihn könnt Ihr behalten. Nur was Ihr in diesem Leben mit Körper, Rede und Geist an positiven und negativen Handlungen angesammelt habt, könnt Ihr mitnehmen. Diese Handlungen werden Euch folgen wie Euer Schatten. Fliegt ein Vogel am Himmel, wirft er scheinbar keinen Schatten. Aber sobald er wieder am Boden landet, wird der Vogel ständig von seinem Schatten begleitet. Genauso werden Euch die positiven und negativen Handlungen dieses Lebens selbst nach Eurem Tod verfolgen, ob Euch das gefällt oder nicht. Unsere Lebensdauer beträgt höchstens einhundert Jahre, kann aber auch viel kürzer sein, vielleicht nur vierzig oder fünfzig Jahre. Selbst wenn wir nur fünfzig Jahre alt werden, sollten wir die Essenz aus diesen kostbaren Unterweisungen ziehen. Die uns verbleibende Zeit wird von Tag zu Tag kürzer, und wir können sie nicht verlängern.

Wie schwierig ist es, eine solch günstige Situation wie die unsrige zu finden! Obwohl wir sterben, bedeutet das nicht unsere Auslöschung. Unser Geist wird nicht sterben und alle unsere positiven und negativen Taten werden uns folgen – egal, an welchem Ort wir innerhalb der sechs Bereiche wiedergeboren werden. Das ist der Inhalt der Lehren vom unvermeidlichen Resultat guten und schlechten Verhaltens. Wir, die wir zur Zeit Samsara noch nicht überwunden haben, sollten besonders über die vier großen Gedanken nachdenken (*Lodog Namshi*)[78], durch die sich der Geist dem Dharma zuwendet. Wir brauchen eine feste und beständige Verankerung in diesen vier Gedanken, denn sie sind die Herzessenz des Dharma. Gründen wir uns unerschütterlich auf diese vier, dann können wir wirklich zu höheren Übungen fortschreiten. Wir können über ihre Wichtigkeit nicht lässig hinwegschauen.

Es kann viele Todesursachen geben. Der Tod kann uns früh heimsuchen wie ein unerwarteter Dieb – aus unklaren oder auch offensichtlichen Ursachen. Manchmal kann man unser Leben nicht einmal dann retten, wenn jede verfügbare Methode ausgeschöpft wird. In dieser Welt gab es bisher noch kein einziges menschliches Wesen, das nicht sterben musste. Wir wissen, dass wir sterben müssen, aber wir kennen nicht Tag und Stunde. Wir hoffen, dass uns der Tod nicht zu schnell ereilen wird und dass wir noch eine Weile leben können. Gedanken dieser Art täuschen uns, und so verwickeln wir uns in sinnlose weltliche Aktivitäten und halten sie für substantiell. Wir versuchen, etwas eine Essenz

[78] Tib. (*blo ldog rnam bzhi*) – die vier Gedanken, den Geist von Samsara abzuwenden sind Reflexionen über: 1. die Schwierigkeit eine glückverheißende menschliche Geburt mit den acht Freiheiten und zehn Bedingungen zu erlangen, 2. die Vergänglichkeit des Lebens, 3. das unfehlbare karmische Gesetz von Ursache und Wirkung, und 4. die Fehler und das Leiden Samsaras.

zu entlocken, was keine besitzt, und lassen uns von unserem eigenen Geist täuschen.

Vermischt euer Beschäftigtsein mit wertlosen samsarischen Aktivitäten nicht mit der Dharma-Praxis. Wenn ihr nicht in der Grundlage der »vier Gedanken, durch die sich der Geist dem Dharma zuwendet« wurzelt, aber trotzdem nach den hohen Dzogpa-Chenpo-Unterweisungen greift, dann werdet ihr in einen Zustand geraten, in dem ihr euch wie am Kopf aufgehängt fühlt, mit gebrochenem Genick und zu Boden plumpsendem Körper. Die Wirklichkeit des Todes und der Vergänglichkeit sollte daher eine echte Veränderung in eurem Geistesstrom hervorbringen, auf dass ihr allen weltlichen Aktivitäten entsagt. Dann wird euch eure Praxis der tatsächlichen Befreiung näherbringen, gleich ob es sich um sogenannten höheren oder niedrigeren Dharma handelt.

Dank unseres guten Karma haben wir die günstigen Umstände eines Menschen und eine sinnvolle Verbindung mit dem Buddhadharma, dem Ergebnis-Fahrzeug, und sogar mit der Großen Vollendung samt ihren essentiellen Anweisungen. Wenn wir uns – nachdem wir all das empfangen haben – nicht darauf konzentrieren und es in die Praxis umsetzen, vergeuden wir ganz eindeutig unsere Zeit. Dann wären die Unterweisungen über die Befreiung nutzlos, und wir zögen keinen Gewinn aus ihnen. Welch eine Verschwendung! Wichtig ist, dass ihr euch der Praxis verpflichtet und wie intensiv ihr euch darauf einlasst. Fasst einen Entschluss, der von heute an gültig ist: »Ich werde alle Unterweisungen, die ich erhalten habe, Tag für Tag in die Praxis umsetzen und die Resultate der Praxis erreichen – so gut ich kann.« Die Verpflichtung bis zum Ende zu gehen ist entscheidend – für das eigene Wohl und das der anderen. Gebt eurem Verlangen nach Vergnügungen oder Unterhaltung nicht nach: ihr würdet dadurch nur unnötigerweise kostbare Zeit verschwenden.

Bei der Dharma-Praxis müssen wir die beiden Wahrheiten verstehen. Die absolute Wahrheit ist die Einheit von Leerheit und Klarheit, und die relative Wahrheit ist die unaufhörliche Manifestation der Erscheinungen – der glückverheißende Ausdruck des abhängigen Entstehens. Die absolute Natur aller Dharmas ist die Buddha-Natur (*sugatagarbha*), die immer in uns ist. Sie ist die große Leerheit, sie ist von allen Extremen frei, sie ist unsere ursprüngliche Natur, die leer ist, aber immerfort Manifestationen hervorbringt. Da wir unsere Natur nicht erkennen, greifen wir nach den Manifestationen der relativen Wahrheit und verfallen der Täuschung. Wenn wir das unaufhörliche Spiel der Manifestationen vermischt mit Leerheit und Klarheit wahrnehmen, ist das die relative Wahrheit. Wollen wir die höchste Ebene erreichen, müssen wir uns auf den Pfad der relativen Wahrheit stützen, negative Aktivitäten aufgeben, positive Handlungen ausführen, die Erscheinungen der relativen Wahrheit reinigen und so allmählich zum Erwachen fortschreiten.

Im Bereich der relativen Wahrheit ist die wichtigste Übung das Einhalten der reinen Samayas. Es gibt viele Samayas, das Wesentlichste ist dabei, das Vajra-Gebot von Körper, Rede und Geist des Lamas zu befolgen. Die allgemeinen Samayas sind in den vierzehn Haupt-Samayas enthalten.

Der erste Haupt-Samaya besagt, dass man dem Lehrer keine Schuld zuweisen soll, ihn nicht geringschätzig behandeln und nicht ausnutzen soll. Im Vajrayana hängen Verwirklichungen und Segnungen von unserem Haupt-Lama ab. Wenn wir ihn ausnutzen, begehen wir die erste Hauptverfehlung. Im Vajrayana gibt es drei Kategorien von Lehrern. Der Lehrer der ersten Kategorie gewährt die Ermächtigung, der der zweiten gibt Unterweisungen zum Tantra und der der dritten gibt essentielle Anweisungen.

Der Lama, der euch Ermächtigungen gibt, euch im Mandala der Gottheit zur Reife bringt und euch darüber hinaus essentielle Anweisungen gewährt, ist euer Vajra-Meister (skt.: *vajrācārya*) und Haupt-Lama.

Im Sutra-Fahrzeug ist der Meister euer spiritueller Freund, der euch den Pfad der Tugend weist. Obwohl er euch aus Samsara hinausführt und euch zum Erwachen bringt, nennt ihr ihn nicht »Vajra-Meister«. Ein Vajra-Meister ist ein überragendes und außergewöhnliches Wesen. Ihn auszunutzen kommt nicht in Frage. Schon gemäß dem Sutrayana sollen wir jemanden, der uns nur die Übertragung eines einzigen Verses gewährt, als Lehrer betrachten. Wenn wir das versäumen, werden wir zunächst fünfhundert Mal als Hund und schließlich als Spinne wiedergeboren, die ihre eigene Mutter auffrisst. Im Vajrayana ist der Haupt-Lama von absoluter Wichtigkeit, weil er euch die essentiellen Anweisungen gibt, die euch in das nackte Gewahrsein, die eigentliche Essenz des Erleuchtungs-Pfades, einführen und euch so zur Reife bringt. Vom Standpunkt des Schülers aus ist seine Güte unvergleichlich groß, und der Schüler braucht nichts dringender als ihn.

Die zweite Hauptverfehlung besteht darin, der Rede des Buddha oder seinen Unterweisungen zuwiderzuhandeln und die Anweisungen von Hinayana, Mahayana und Vajrayana zu missachten. Diese Unterweisungen sind euer Wegweiser zur Befreiung. Versteht ihr sie, setzt sie aber nicht in die Praxis um, dann ist das die zweite Hauptverfehlung. Im Vajrayana zählt es auch zur zweiten Hauptverfehlung, wenn ihr den Wünschen und Anweisungen des Lamas zuwiderhandelt.

Die dritte Hauptverfehlung ist, Vajrabrüder und -Schwestern zu tadeln, sie auszunutzen, sie zu kritisieren und herabzusetzen oder eifersüchtig auf sie zu sein. Es gibt vier Kategorien Vajrageschwister: Leute, die den allgemeinen buddhistischen Pfad betreten haben, sind allgemeine Vajrageschwister. Praktizierende, die in den Vajrayana-Pfad eingetreten sind, werden entfernte Vajrabrüder und -Schwestern genannt. Der dritten Kategorie, den nahestehenden Vajrageschwistern, gehören dann jene Menschen an, die vom gleichen Lama, jedoch zu verschiedenen Zeiten, Unterweisungen erhalten und in ein Vajrayana-Mandala eingeführt werden. In die vierte Kategorie, die der Vajrageschwister, die der gleichen Familie angehören, fallen Praktizierende, die zur gleichen Zeit das gleiche Mandala betreten und die Ermächtigungen und Anweisungen vom gleichen Lama erhalten. Die Beziehungen zwischen diesen Vajrageschwistern sind denen in einer Familie, mit einem Vater und einer Mutter, vergleichbar. Lasst ihr diesen Geschwistern gegenüber negative Gefühle aufkommen, ist das die dritte Hauptverfehlung.

Die vierte Hauptverfehlung besteht darin, die Liebe allen Elternwesen gegenüber aufzugeben und sie nicht mehr durch unsere liebende Güte zu schützen.

Die fünfte Hauptverfehlung ist die Aufgabe der eigentlichen Wurzel des Dharma, des Bodhicitta.

Die sechste Hauptverfehlung ist die Kritik an anderen Religionen. Es gibt viele Religionen in der Welt, die alle einen Weg der Wahrheit suchen. Wir sollten sie nicht von oben herab kritisieren, da sie alle nach innerem Frieden streben und auf ihre jeweils eigene Weise nützlich sind. Warum sollten wir also die Praktizierenden des Hinayana kritisieren, ganz zu schweigen von jenen, die in die großen Pfade des Mahayana oder des geheimen Vajrayana eingetreten sind?

Die siebte Hauptverfehlung besteht darin, Schülern geheime Vajrayana-Lehren zu enthüllen, die nicht die grundlegenden Voraussetzungen für das Empfangen der höheren Lehren des Vajrayana mitbringen, da es ihnen an der notwendigen Reife oder Fähigkeit mangelt oder sie die Lehren der unteren Fahrzeuge nicht völlig verwirklicht haben. Es gibt auch Schüler des buddhistischen Sutrayana, die nur falsche Ansichten und mangelnde Achtung entwickeln, wenn wir ihnen den Vajrayana-Pfad zeigen, so dass keine Hingabe an den Pfad entsteht.

Im Vajrayana sind die fünf Skandhas (Aggregate) von Anfang an die Manifestation der fünf Dhyani-Buddhas. Die ebenfalls von Anfang an reinen fünf Elemente[79] sind die Gefährtinnen der fünf Dhyani-Buddhas. In der reinen Sicht des Vajrayana sind die acht Gruppierungen der Bewusstseinsarten die acht großen Bodhisattvas. Die Objekte der acht Gruppierungen der Bewusstseinsarten sind von Anfang an die Gefährtinnen der acht großen Bodhisattvas. Wenn wir diese Sicht nicht haben und eine weltliche Sichtweise beibehalten, ist das die achte Hauptverfehlung.

Die natürliche Seinsweise aller Dharmas ist die absolute Wahrheit, da die Natur aller Phänomene Leerheit ist. Der Ausdruck dieser Energie ist die relative Wahrheit. Die Buddhas und Meister haben uns so unterwiesen. Wenn wir daran zweifeln und auf der begrifflichen Ebene über die Richtigkeit dieser Aussage debattieren, bringen unsere falschen Ansichten die neunte Hauptverfehlung hervor.

Die zehnte Hauptverfehlung ist, bösen Menschen mit Körper oder Rede Mitgefühl und Liebe zu schenken. Als »böse« bezeichnen wir jene Menschen, die sich vollkommen in negatives Tun verstrickt haben, die den Dharma zerstören oder die den Dharma-Praktizierenden ihren Frieden und ihr Glück wegnehmen.

Alle Phänomene sind frei von spezifischen Merkmalen. Wenn wir sie so wahrnehmen, als hätten sie Merkmale, verfallen wir

---

[79] Wasser, Feuer, Erde, Luft und Raum.

den zwei extremen Ansichten: die eine ist, das Universum der Phänomene als beständig zu betrachten (Eternalismus, Ewigkeitsglaube), die andere ist, negatives Verhalten oder negative Handlungen für nicht-existent zu halten (Nihilismus). Das ist die elfte Hauptverfehlung.

Wenn wir das Vertrauen eines Schülers oder einer Schülerin zum Dharma oder ihre Hingabe dem Lama gegenüber schwächen und sie dadurch von ihrer Dharma-Praxis abbringen oder ihre Hingabe an den Dharma zu zerstören suchen, ist das die zwölfte Hauptverfehlung.

Wir begehen die dreizehnte Hauptverfehlung, wenn wir die Samaya-Gegenstände nicht achten und unangemessen mit ihnen umgehen. In der Tradition des Vajrayana müssen wir die geheimen Ritualobjekte als Ausdruck der Weisheit erkennen und verstehen, wie die Instrumente, z.B. Vajra, Glocke, Schädelschale und Hackmesser zu benutzen sind. Wenn wir diese Objekte nicht richtig aufbewahren oder anwenden, ist das die dreizehnte Hauptverfehlung.

Im Vajrayana müsst ihr alle männlichen Wesen als spirituelle Helden (*daka*) betrachten, die von Natur »wirksame Mittel« (*upaya*) sind. Alle weiblichen Wesen müsst ihr als spirituelle Heldinnen (*dakini*) ansehen, deren Natur »Weisheit« (*prajna*) ist. Wenn wir Frauen auf weltliche oder übliche Weise betrachten, wenn wir sie ausnutzen oder Frauen allgemein verächtlich behandeln, ist das die vierzehnte Hauptverfehlung. Ihr, die ihr den Pfad des Vajrayana betreten habt, müsst eurer Gefährtin ganz besondere Achtung entgegenbringen. Wenn ihr sie ausnutzt oder ihr im Herzen nicht genug Achtung entgegenbringt, dann ist das auch die vierzehnte Hauptverfehlung.

Warum sprechen wir an dieser Stelle über die vierzehn Hauptverfehlungen? Wir haben den Pfad des Vajrayana bereits betreten und geben uns als Praktizierende aus. Daher sollten wir die Verfehlungen genau kennen. Ursprünglich wollte ich die geheimen Lehren der Großen Vollendung nicht enthüllen, sondern nur allgemeine Unterweisungen geben. Da es sich aber nun aufgrund glücklicher Umstände für euch so günstig entwickelt hat, müsst ihr jetzt reine Samayas einhalten. Nachdem ihr an diesem Seminar teilgenommen und die Unterweisungen über die wesentlichen Punkte aus der Sicht der relativen und der absoluten Wahrheit empfangen habt, behaltet eure eigenen Notizen für euch und lest nur persönlich darin. Dann werdet ihr den Samaya nicht brechen und keine Hauptverfehlung begehen. Falls ihr sie allerdings Personen zeigt oder mit ihnen darüber sprecht, die hier nicht dabei waren, verratet ihr damit unreifen Menschen die geheimen Lehren. Damit brecht ihr ein wesentliches Samaya-Gelübde.

Haltet den Samaya mit eurem Lama und euren Vajrageschwistern ein und handelt von heute an im Einklang mit den Unterweisungen des Buddha. Entwickelt Liebe und Mitgefühl allen Lebewesen gegenüber. Ihr habt unter einem Vajracharya ein Mandala betreten und könnt nun auf dem Pfad der inneren Entwicklung fortschreiten, indem ihr die zwei Wahrheiten vereint. Ihr seid von jetzt an in jeder Hinsicht Vajrabrüder und -schwester. Gebt nun aus tiefstem Herzen Hass, Neid, Kritik und Täuschung anderen gegenüber auf. Seid freundlich und gütig zu allen. Das ist der erste Aspekt.

Der zweite Aspekt ist die Erkenntnis, dass alle Lebewesen schon einmal unsere gütigen Eltern gewesen sind, die fortwährend im Leidensmeer umherirren. Denkt deshalb: »Wenn ich sie nicht schütze, wer wird es dann tun?« Durch diese Kontemplation sollte das Mitgefühl entstehen, das die Leiden der Wesen nicht mehr ertragen kann. Versucht, ihnen durch eure Meditations-Praxis mit Körper, Rede und Geist zu helfen, so gut ihr könnt. Widmet dann die Verdienste und teilt die positiven Resultate eurer Praxis mit anderen.

Der dritte Aspekt ist, stets mit Hingabe an den Lama zu denken. Denkt an sein unglaubliches Mitgefühl und die Methoden, mit denen er die kostbaren Lehren zum Wohle der Wesen weitergibt. Betrachtet ihn als Verkörperung der Buddhas der Vergangenheit, Gegenwart und Zukunft, und entwickelt so eure Dharma-Praxis und euer nicht-unterscheidendes Mitgefühl weiter. Diese drei Dinge sind sehr wichtig für alle Praktizierenden, und unsere tägliche Praxis sollte sie beinhalten.

Wir praktizieren Dharma zum Wohle der Lebewesen, die seit unvordenklichen Zeiten unsere Mütter und Väter gewesen sind. Welche Praxis wir auch ausführen, ob es sich um formlose Meditation, Visualisierungen oder das Genießen unserer Freuden handelt, sie sollte immer in Verbindung mit diesen drei Aspekten des rechten Pfades stehen. Verhaltet euch harmonisch, wenn ihr praktiziert, und vermeidet Konkurrenz und Zwietracht zwischen Vajrageschwistern. Wetteifert nicht miteinander um äußere Titel. Bewahrt euch eine offene Einstellung und reine Wahrnehmungen voneinander. Haltet den Samaya rein aufrecht und untersucht euren eigenen Geist mit größter Sorgfalt, so als würdet ihr eine Arznei im Mörser zerstoßen. Es ist sinnlos, euch als taub, stumm und unfähig, etwas zu verstehen, hinzustellen – damit haltet ihr euch nur selbst zum Narren.

Das allgemeine Ziel der Praxis ist ein wirklicher Gewinn für dieses wie das nächste Leben. Deshalb müsst ihr vor eurem Tode sehr gewissenhaft praktizieren und die Zeichen der Verwirklichung erreichen. In eurer Todesstunde solltet ihr frei von Reue und Furcht und gut vorbereitet sein. Mit einem friedlichen und zufriedenen Geist solltet ihr in einer Weise aus dem Leben scheiden, die der Ebene eurer Verwirklichung entspricht – so sterben gute Dharma-Praktizierende. Wenn ihr jetzt den eigentlichen Zweck der Meditation nicht begreift, überwältigen euch Bedauern, Reue und Furcht erst in der Todesstunde, wenn es zu spät für die Dharma-Praxis ist. Richtet jetzt, in diesem Augenblick, euren Geist nach innen, so dass ihr eine Verwirklichung erlangt. Wenn der Tod dann kommt, seid ihr gut vorbereitet.

Geht freundlich mit euch selbst um und verwendet euren Körper, eure Rede und euren Geist für die Praxis, die euch zum Erwachen führen wird. Das ist der größte Gefallen, den ihr euch selbst tun könnt. Keine andere Person könnte jemals so freundlich zu euch sein. Vielleicht verlasst ihr euch auf die heilsamen Handlungen, die andere während eures Todes für euch ausführen. Das ist jedoch eine leere Hoffnung; es kann sich sehr wohl herausstellen, dass es zu schwierig ist, wirklichen Gewinn daraus zu ziehen. Übt euren Geist in der Entwicklung umfassenden Mitgefühls und erkennt, wie tief das Leiden von Samsara ist. Arbeitet das Wesentliche heraus, nämlich Sicht und Meditation. Haltet eure Samayas, Regeln und Gelübde rein ein. Euren Samaya dem Lama und euren Vajrageschwistern gegenüber einzuhalten und durch eure tägliche Dharma-Praxis tiefes Mitgefühl allen Lebewesen gegenüber zu entwickeln ist von unermesslichem Vorteil für euch.

Praktiziert Vajrasattva, um Körper, Rede, Geist und ungünstige Umstände zu bereinigen. Um Verdienst anzuhäufen, übt das Darbringen des Mandalas und das siebengliedrige Gebet. Stützt euch in letzter Instanz auf den Pfad des Guru-Yoga. Konzentriert euch während der Meditation auf die Natur des Geistes, wie es im Trekchö beschrieben wird. Wenn ihr diesen Anweisungen folgt, wird die Verwirklichung von innen heraus entstehen und alle Hindernisse der Praxis werden schnell beseitigt werden.

Zehnter Vortrag

Treffen der Essenz in drei Worten; Verblendung und Praxis

Zum Wohle aller Lebewesen, die unsere gütigen Väter und Mütter gewesen sind, entwickeln wir Bodhicitta, hören den Dharmalehren zu und verwirklichen sie.

Angesichts der unterschiedlichen Fähigkeiten der Wesen gaben die Buddhas verschiedenartige Unterweisungen, um den jeweiligen Individuen zu entsprechen. Es gibt Ursachen- und Ergebnis-Fahrzeuge. Diese spezielle Unterweisung hier gehört zum höchsten der Ergebnis-Fahrzeuge, der Ebene der Erfüllung. Diese Lehren werden von keinen anderen übertroffen. Ich erkläre euch jetzt die Unterweisungen des Textes »Treffen der Essenz in drei Worten«.[80] Diese Unterweisungen sind für Menschen mit hervorragenden Eigenschaften und geistigen Fähigkeiten bestimmt. Sie bringen alle Unterweisungen extrem einfach und direkt auf den Punkt.

Diese Unterweisung stammt von Garab Dorje und wurde durch alle unsere Überlieferungs-Lamas weitergegeben. Sie erläutert, wie relative und absolute Wahrheit harmonisch nebeneinander bestehen und dass alle relativen Manifestationen aus der Soheit entstehen. Haben wir das nicht wirklich erfahren, können wir das Ergebnis-Fahrzeug nicht verstehen, weil dann unser

[80] Siehe Fußnote 55 auf S. 101.

Geist durch das dualistische Denken immer noch von Grund auf verwirrt ist.

Wenn wir mit dieser Sicht praktizieren, ist es wichtig, die Natur der absoluten Wahrheit nicht falsch zu interpretieren. Wenn wir in die extreme Haltung des Nihilismus verfallen, so erreichen wir damit keineswegs die große Leerheit, aus der alles voller Klarheit entsteht, sondern lediglich die große Negativität. Führt unsere Betrachtung der absoluten Wirklichkeit dazu, dass wir alle Verhaltensregeln sowie Ursache und Wirkung außer acht lassen, ist das eine extreme Haltung. In dieser Art Leerheit gibt es keinerlei Weisheit oder Klarheit. Durch solch eine Sicht rückt nicht nur die Erleuchtung für uns in weite Ferne, wir häufen auch negatives Karma an, was uns schließlich in die unteren Bereiche führen wird. Daher sagte Guru Rinpoche zu König Trisong Detsen:

> *»Obwohl meine Sicht so weit ist wie der unendliche Raum, widerspricht mein Handeln der relativen Wahrheit nicht im Geringsten, und ich lasse diese nicht außer acht.«*

Lasst es nicht zu, dass euer Verständnis negativ oder dämonisch wird im Sinne der falschen Sichtweise Maras, die Beten und Anhäufen von Verdienst für überflüssig hält oder euer Handeln als jenseits von Ursache und Wirkung betrachtet. Solch eine Fehlinterpretation der Lehre wird nur den Weg zu einer niedrigeren Wiedergeburt ebnen.

Subjekt und Objekt existieren durch abhängiges Entstehen, und daher gibt es die relative Manifestation der Phänomene. Da wir die wahre Natur des Geistes nicht erkennen, greifen wir auf subtile Weise nach der Vorstellung von Ich und Welt, was die Grundlage der relativen Dimension ist. Aus ihrem unendlichen

Mitgefühl heraus haben die Buddhas Methoden entwickelt, mit deren Hilfe wir die Phänomene als das erkennen können, was sie sind, und die Wahrnehmung in ihren eigenen Grund hinein reinigen können. Wir betrachten den Bereich unserer Wahrnehmung als vollkommenes Buddhaland, meditieren über die Gottheit und entwickeln klares Gewahrsein; dadurch erkennen wir die wahre Natur der Phänomene.

Indem wir den geschickten Methoden in Buddhas Lehre folgen, kommen wir zu einem Verstehen der Natur des Geistes und können unser Festhalten an der festen und eigenständigen Existenz (des Ich) durchschauen. Das geschieht durch klares, inneres Gewahrsein, denn das Ich entsteht allein aus der Täuschung der Dualität. In Wirklichkeit gibt es kein Ich; das Ich ist in seiner Natur das ichlose große Mitgefühl.

In diesen kostbaren Unterweisungen werden uns die Phänomene mit großem Geschick erklärt. Selbst wenn wir uns in der Sphäre relativer Phänomene befinden, können wir ihre eigentliche Grundlage und ihre Erscheinungsweise erkennen und bereinigen. Alle Dinge entstehen in gegenseitiger Abhängigkeit als Ausdruck des Geistes selbst; sie entwickeln sich, in Abhängigkeit zu günstigen Umständen, zu den offensichtlichen Phänomenen, die man wahrnimmt.

Das unteilbare Prinzip ist die Vereinigung von relativer und absoluter Wahrheit. Wenn wir das falsch verstehen, besteht die Gefahr, in eine dämonische Sichtweise zu verfallen. Auf der relativen Seite erscheinen die Phänomene; auf der absoluten Seite ist ihr Erscheinen jedoch Ausdruck der absoluten Wahrheit. Die Verwirklichung des eigenen echten Gewahrseins vereinigt die absolute und relative Wahrheit.

Wir sollten die Sicht beim Handeln nicht verlieren! Die Großen sagten, wir würden den Tag unseres Erwachens nie erleben, wenn uns die Sicht beim Handeln abhanden kommt. Was bedeutet das? Wenn wir uns nur an den relativen Aspekt der Praxis halten – wie das Rezitieren von Mantras, das Visualisieren von Gottheiten uns so weiter – und uns damit identifizieren, wenn wir die Übungen der relativen Wahrheit als etwas Substantielles ansehen und sie als das einzig Wahre betrachten, nehmen wir die Natur dieser Übungen auf der absoluten Ebene nicht wahr. Unter solchen Umständen ist es nicht möglich, zur Erleuchtung zu erwachen. Betrachtet die relativen Übungen daher weder als vorrangig noch als vom authentischen Verständnis der absoluten Wahrheit trennbar.

Wenn ich euch sage, ihr sollt »die Sicht beim Handeln nicht verlieren und das Handeln nicht in der Sicht verlieren«, fragt ihr vielleicht: »Was sollen wir denn tun?« Verbindet die beiden so, dass sie untrennbar eins werden. Das Absolute kann weder aufgezeigt noch erklärt werden. Es ist die große Leerheit – rein, leer, weit und allumfassend. Alle entstehenden Phänomene sollten als Ausdruck Rigpas erkannt werden. Verweilt im unmittelbaren Fluss des reinen, klaren Gewahrseins, das ist bereits die Meditation. Die Aktivität des Sich-selbst-Befreiens innerhalb dieses Zustandes und in diesem klaren Bereich der Vision zu verweilen ist die Anstrengung, die zur Meditation wird. Das ist die Dzogchen Sicht, der absolute Bereich der Praxis der Großen Vollendung.

Diese Sicht muss sich auf genaue Erforschung und wirkliches Verständnis gründen. Redet nicht nur über die Sicht. Setzt sie in die Praxis um! Fast jeder kann die tiefgründigen Unterweisungen der Großen Vollendung in Worten nachsprechen, aber wenn wir die Sache nicht auf den Punkt bringen und uns wirklich befreien, plappern wir nur nach wie ein Papagei. In Wahrheit sollte es keine Unterscheidung zwischen Sicht und Verwirklichung geben. Durch sein gütiges Mitgefühl hat der Lehrer uns nun die Natur des Geistes, die Essenz der drei Kayas, vorgestellt. Bedenkt jedoch, dass ihr das erst noch selbst erfahren müsst. Bis jetzt habt ihr lediglich eine Einführung in die Natur des Geistes bekommen, ein Verstehen oder Erkennen. Ihr müsst sie noch verwirklichen.

Wenn ihr fragt: »Wie kann ich erkennen, welche Ebene der Großen Vollendung ich erreicht habe?«, kann ich euch eine einfache Antwort geben. Habt ihr die Ebene von Rigpa erreicht, dann seid ihr frei von den dualistischen Vorstellungen, euch Vorteile von Gottheiten zu erhoffen oder euch vor Schaden durch dämonische Kräfte zu fürchten, oder ein Ding als negativ und ein anderes als positiv zu betrachten. Ihr unterscheidet nicht mehr »dieses« von »jenem«, und »Gewinn« oder »Verlust« fechten euch nicht mehr an. Eure Erfahrungen gehen im Einen-Geschmack auf. Ihr strebt nicht danach, anderen zu nutzen oder zu schaden. Alle Phänomene werden für euch von *einem* Geschmack sein und jenseits jeder projizierten Dualität. Betrachtet die Dinge nun ehrlich. Könnt ihr sagen, dass ihr die Ebene der Großen Vollendung erreicht habt, in der die Phänomene wirklich in Rigpa aufgegangen sind?

Ein Yogi mag vielleicht wie eine gewöhnliche Person aussehen, aber in Wirklichkeit ist sein Geist der Dharmakaya. Mühelos wird jede Wahrnehmung in Praxis und Pfad zum strahlenden Einen-Geschmack von Rigpa. So wie der Raum in einem Glas mit dem äußeren Raum eins wird, wenn das Glas zerbricht, löst der Yogi seinen Körper in Atome auf und sein Geist wird eins mit dem Dharmadhatu. Es gibt viele Yogis, für die sich alle Phänomene und Wahrnehmungen in den Einen-Geschmack aufgelöst haben. Für sie wiegt die Unterscheidung in »gut« und »schlecht« nicht einmal so viel wie eine Feder. Da sie die Welt der Phänomene zu einem Ende gebracht haben, sind sie völlig von Samaya befreit.

Auch im Laufe meines Lebens haben viele Lamas eine Ebene erreicht, auf der es für sie völlig gleich ist, ob sie eine köstliche Speise oder Kot essen. Für sie sind alle Phänomene in der nichtdualistischen Weisheit aufgegangen. Mein eigener Haupt-Lama erhielt viele Unterweisungen von einem Lama namens Druom Drubthob Gyalwa Changchub. Dieser Lehrer hatte die Wurzel dualistischen Greifens aufgelöst. Er lebte in der nordtibetischen Region Chang Thang, wo es zum Erfrieren kalt ist. Er war ein Yogi-Lama, hatte eine Gefährtin und eine Gefolgschaft von Mönchen, die ihm dienten. Wenn seine Diener ihm sein Essen brachten, aß und trank er ohne je einzuhalten. Da er nie satt war, hörte er erst auf zu essen, wenn sie ihm nichts mehr gaben.

Mönche können manchmal sehr skeptisch sein, da sie sich immer auf der spirituellen Suche befinden. Als nun ein Mönch sah, dass der Lama unbegrenzt essen und trinken konnte, wollte er ihn auf die Probe stellen. Er erkannte, dass ein gewöhnlicher Mensch niemals so viel essen könnte. Die Gefolgsleute des Lamas hielten ihn nicht für ein hochentwickeltes Wesen und zollten ihm nicht die entsprechende Hochachtung. Sie nannten ihn »alten Lama« (*la gyan*) und gaben ihm sogar den Spitznamen »Leiche mit Mund«, da er alles aß und trank, was sie ihm vorsetzten. Er war niemals hungrig, niemals satt und niemals nicht satt. Eines Tages nun wollten die Mönche diesen Drubthob überprüfen und kochten bereits am frühen Morgen einen großen Topf Tee – der Lama trank ihn auf einmal aus. Sie reichten ihm eine Tasse Tee nach der anderen, und er trank sie alle leer, ohne je zu zögern. So nahm er große Kannen voller Tee zu sich und konnte immer noch mehr trinken, wenn man es ihm anbot. Dieser Lama hatte sehr hohe Verwirklichungen, aber er war kein Mensch vieler Worte. Die einzigen von ihm geäußerten Worte waren »*ngo so tod*«. Er gab keine anderen Bemerkungen von sich. Ganz gleich, was man zu ihm sagte, er antwortete immer mit: »*ngo so tod*«, einem umgangssprachlichen Ausdruck im Goluk Dialekt, der bedeutet: »Das ist sehr gut.« Wenn in einer Familie jemand starb, sagte er: »Das ist sehr gut«, und wenn er von der Hochzeit dieser oder jener Leute hörte und alle sich freuten, sagte er nur: »Das ist sehr gut.« Nur manchmal verließ er diesen Zustand.

Es gab damals eine Familie, die ein sehr schönes Haus im chinesischen Stil erbaut hatte. Der Besitzer lud Drubthob ein, das Haus durch das Sprechen einiger Glücks-Gebete zu segnen. Der Yogi sagte: »Das ist sehr gut« und ging hin. Als er ankam, gaben sie ihm der Sitte gemäß etwas zu essen und zu trinken. Wie immer hörte der Lama mit Essen und Trinken nicht auf, bis die Gastgeber ihn schließlich fragten: »Wie wäre es jetzt mit einigen Glücks-Gebeten und Segnungen?« Der Lama sprach nun folgendes Wunschgebet: »Möge es in diesem Haus immer Leichen geben.« Der Besitzer des Hauses reagierte nicht, aber der Mönch, der den Lama begleitet hatte, schüttelte ihn und sagte: »Bist du völlig verrückt? Diese Leute haben dich hierher eingeladen, um zur Einweihung des Hauses glückbringende Gebete zu sprechen, und du sagst: ›Möge es in diesem Haus immer Leichen geben‹, was ja wohl das Gegenteil von glückbringend ist.« Der Lama antwortete: »O, ich dachte, es sei besser, wenn es Leichen ohne Ende gibt. Wenn es aber besser ist, dass es keine mehr gibt, wünsche ich also: ›Möge es nie Leichen in diesem Haus geben!‹ Ich hielt es für besser, wenn es immer wieder Leichen gibt, denn Leichen gibt es, solange es Lebewesen gibt. Ohne Unterbrechung in der Folge der Leichen gibt es auch keine Unterbrechung im Stammbaum dieser Familie.« Das glückbringende Tendrel[81] war durch den profanen Einwurf des Mönchs gebrochen worden.

---

81 Tib. (*rten 'brel*) – abhängiges Entstehen, hier: glückverheißende Umstände.

Der Siddha, der stets nur »Das ist sehr gut« sagte, und seine geheime Gefährtin (*sangyum*) lebten in verschiedenen Räumen. Seine Gefährtin war ebenfalls eine außergewöhnliche Dakini. Eines Morgens stürmte der Diener des Lamas ins Zimmer und sagte ihm, seine Sangyum sei gestorben. Der Lama antwortete: »Das ist sehr gut.« Da der Diener den Lama gut kannte, fragte er ihn am nächsten Tag: »Als ich Euch die Nachricht vom Verscheiden Eurer Dakini-Gefährtin überbrachte, sagtet Ihr, das sei sehr gut. Wart Ihr wirklich froh über den Tod Eurer Sangyum?« Der Lama sprach von ihr als *mhur gey* (»altes Huhn«) und antwortete in seinem Goluk-Dialekt: »Sie ging gestern fort; ich sah sie, wie sie auf einem Hirsch ritt. Sie schaute zurück und trug mir auf, ihr schnell zu folgen und nicht zu lange hierzubleiben.« Ich könnte viele solcher Geschichten erzählen, aber hier soll diese genügen.

Wir geben keinen bestimmten Neigungen nach, sondern verweilen im Strahlen der Vajra-Herzessenz (*ösel dorje nyingpo*) und gehen über den gewöhnlichen denkenden Geist hinaus; auf diese Weise betreten wir unmittelbar den Dharmadhatu, und alle Wahrnehmungen werden in Rigpa vereint. Gutes und Schlechtes werden in den Einen-Geschmack überführt. Der ursprüngliche Buddha heißt Kuntuzangpo (der All-Gute), weil er nicht zwischen gut und schlecht unterscheidet, sondern alles im Einen-Geschmack verschmolzen hat.

Wir sagen uns zwar: »Ich werde die großartige Lehre des Dzogpa Chenpo in die Praxis umsetzen und in der Sicht verweilen«, aber sobald eine Vorstellung entsteht, sind wir sofort wieder in unserem normalen Zustand und haben die Sicht verloren. Wenn ein dualistischer Gedanke entsteht, entschwindet die Große Vollendung und wir fallen in die Verblendung zurück.

Zur Zeit Dudjom Lingpas lebte ein Yogi-Schüler, dessen Hauptpraxis *Chöd*[82] war. Diese Übung durchtrennt die Anhaftung an die Wurzel der Dualität, die sich in subtiler Form als Geister und dämonische Kräfte manifestiert. Die Übung besteht darin, die Wahrnehmung sowie die Vorstellung von Ich und Welt im Entstehen abzuschneiden. Im Chöd bringen wir unseren Körper dar, ohne im Geringsten nach ihm zu greifen. Durch die Kraft der Wahrheit des Dharma manifestiert sich unser Körper (in der Meditation) in zahlloser Vervielfachung, so grenzenlos wie der Raum. Diese Manifestationen werden in Nektar umgewandelt, der nun den Geistern und dem Mandala der Buddhas als Opfergabe dargebracht wird. Die Strahlen der Weisheit – der Glanz des strahlend klaren Gewahrseins im Inneren – unterwerfen die projizierten Phänomene, bringen sie zur Ruhe und lösen sie schließlich in ihrer eigenen wahren Natur auf. Bei der Chöd-Übung schauen wir nach innen auf den Ursprung von Hoffnung und Furcht und beobachten das Spiel der Wahrnehmung; dabei setzen wir sie unmittelbar in die Natur von Rigpa frei.

Mit dieser Praxis blickt man der eigentlichen Natur von Furcht, Hoffnung und Zweifel direkt ins Auge. Indem man zu angsteinflößenden oder abgelegenen Orten geht, wie Bestattungsplätze oder in die Nähe von Wasserfällen, tritt man mit der Natur des Gewahrseins in Verbindung, wenn es durch die fünf Sinnesbereiche zutage tritt. Schließlich überführt ihr die feinsten Wahrnehmungen in das Gewahrsein des Klaren Lichts. Die Chöd-Praxis ist fortgeschrittenen Praktizierenden vorbehalten,

---

82 Tib. (*gcod*), wörtl. »Schneiden«. Eine Praxis, die auf der Prajñaparamita basierend beinhaltet, den eigenen Körper als Essen verschiedenen visualisierten Gästen darzubringen, einschließlich bösen Mächten und gefährlichen Geistern, um die vier Maras zu zerstören und das Haften am eigenen Ego abzuschneiden.

da sie auf einer subtilen Grundlage beginnt und Verstand, Hoffnung und Angst transzendiert.

Ein Yogi namens Phuntso Tashi wollte mit seiner Praxis in die Tiefe gehen. Dudjom Lingpa hieß ihn, ein sechsjähriges Retreat durchzuführen, um die essentielle Verwirklichung des Chöd zu erlangen, die nicht-dualistische Weisheit, dass die Phänomene und das eigene Selbst nicht zu trennen sind. Dabei kam der Yogi zur Gewissheit, dass alle Geister und dämonischen Kräfte nicht an sich existierten, sondern nur als seine eigene innere Projektion. Nun hatte er keine Angst mehr vor Geistern. Gleich, ob sie in furchterregender Gestalt auftraten oder ihn in Stücke schneiden wollten – er blieb unerschütterlich. Da er die Meditation von Tröma Ngagmo,[83] seiner Hauptgottheit, praktizierte, erlebte er sich selbst als Tröma Ngagmo. Zuversichtlich begab er sich zu Dudjom Lingpa, um über sich zu berichten. Dudjom Lingpa sagte: »Solange du nach einer Gottheit greifst, muss es auch dämonische Kräfte geben. Wenn du auf der einen Seite deiner Wahrnehmung keine dämonischen Kräfte siehst, dich aber auf der anderen Seite an der Gottheit festhältst, hast du dein absolutes und relatives Verständnis noch nicht zur Übereinstimmung gebracht.« Dudjom Lingpa wies den Yogi darauf hin, dass er sich untergründig noch immer mit der Gottheit identifizierte, schickte ihn zurück und hieß ihn ohne Objekt meditieren, damit er die beiden Ebenen der Erfahrung zur Deckung bringe. Dudjom Lingpa sagte: »Wenn du die äußeren Formen als Ausdruck deines Geistes erkennst, die inneren aber für rein hältst, hast du die Natur von Rigpa nicht verstanden.« Mit diesen Anweisungen schickte ihn Dudjom Lingpa für weitere sechs Jahre ins Retreat.

---

83 Tib. (*khro ma nag mo*) – »die schwarze furchteinflößende Mutter«, eine weibliche Verkörperung der Weisheit.

In den folgenden sechs Jahren hielt der Yogi einen strengen Retreat-Tagesplan ein. Nach diesen sechs Jahren erklärte er: »Lama, ich habe erkannt, dass es eine dämonische Kraft an sich nicht gibt. In Wahrheit ist Tröma Ngagmo selbst die dämonische Kraft. Ich kann die beiden nicht voneinander trennen. Eine reine Praxis von Tröma Ngagmo lässt sich nicht von dämonischen Kräften abspalten. Wie ich es jetzt sehe, ist in Wahrheit alles eins. Es ist eine Situation, in der mir nichts schaden oder nutzen kann. Alles ist nur Ausdruck meines eigenen Geistes und meine eigene Projektion.« Dann fuhr er fort: »Aber nun, mein Haupt-Lama, möchte ich eine wichtige Sache mit Euch besprechen: Ich erkenne Eure Größe und die Tiefe Eures Mitgefühls und stehe wirklich in Eurer Schuld. Wie kann ich Euch je Eure unendliche Güte vergelten? Solche Gedanken entstehen immer wieder in mir, und sie rühren mich zu Tränen der Hingabe.« Dudjom Lingpa antwortete: »Ich habe dich unterwiesen. Ich war gütig zu dir. Ich habe dir den Weg gewiesen, aber trotzdem ist dein Verständnis noch nicht zur letzten Reife gekommen. Du hast dich selbst noch nicht erkannt. Du hältst immer noch an mir als deinem Lehrer fest. Du identifizierst dich mit mir. Ich empfehle dir, von neuem ins Retreat zu gehen.«

Daraufhin ging er für weitere sechs Jahre ins Retreat. Er hielt sich streng an die Anweisung, und nach Beendigung des Retreats erklärte er vor seinem Lehrer: »Lama, nun erkenne ich, dass tatsächlich alles der Selbst-Ausdruck von Rigpa ist. Dank Rigpa habe ich Euch als Gelay Tertön (an seinem Aufenthaltsort wurde Dudjom Lingpa Gelay Tertön genannt) gesehen, aber in Wirklichkeit gibt es nichts, womit man sich identifizieren könnte. Ich bin auf dem Boden des Verstehens angelangt und die Phänomene sind gleich für mich. Selbst wenn plötzlich ein Buddha vor meinen Augen auftauchte: Ich werde mich nicht verbeugen. Selbst wenn ich ein Lebewesen sähe, dessen Darminhalt sich nach außen ergösse: Ich werde nicht reagieren. »Gut« und »schlecht« existieren nicht mehr. Es gibt nur den Einen-Geschmack, Rigpa, den klaren, ursprünglichen Raum.« Nachdem er das gesagt hatte, machte er einige Niederwerfungen zu Füßen des großen Tertön und ging davon. Dieser Yogi löste sich später vollständig in Regenbogenlicht auf, und nichts von ihm blieb übrig. Er brachte die Tögal-Praxis zur Vollendung.

Seid euch bei eurer Praxis stets der relativen und der absoluten Wahrheit bewusst. Bedenkt auf der absoluten Ebene der Praxis, dass euch jedes Auftauchen eines dualistischen Gedankens sofort in den relativen Bereich der Übung führt. Achtet deshalb darauf. Relative Phänomene erscheinen aufgrund dualistischer Projektion. Häuft nicht dadurch negatives Karma an, dass ihr Aspekte des Relativen überseht und einfach irgendetwas ohne Achtsamkeit tut. Seid in eurem Verhalten so gewissenhaft, dass selbst die kleinste Aktivität nicht zu etwas »Selbstverständlichem« wird. Verbindet die relativen und absoluten Übungen.

Vom absoluten Standpunkt her gesehen geht es nicht darum, die drei Tore von Körper, Rede und Geist einzuschränken oder zu verändern, sondern darum, in der absoluten Praxis, der Natur von Rigpa zu verweilen. Wenn du dich auf der relativen Seite der Übung wiederfindest, erkenne jedoch die Wichtigkeit davon Verdienst anzusammeln, den Nutzen davon Mantras zu rezitieren. Jegliches Handeln sollte positiv sein, denn das verhindert das Anhäufen negativen Karmas.

Auf dem Pfad der Großen Vollendung können fehlbare Menschen rasch zu Buddhas werden, deshalb ist er steil und beschwerlich. Da die Lehren so tiefgründig sind, könnt ihr entweder einen Gewinn aus ihnen ziehen, oder aber auch völlig in der Verblendung[84] versinken. Die Tiefe dieses Dharmas bringt Gefahren mit sich, ähnlich wie im Alltag, wo großer Vorteil mit großen Gefahren verbunden ist. Verblendungen entstehen, weil diese Anweisungen und Übungen so kraftvoll und intensiv sind. Unser negatives Karma reift schneller heran, und auch das kann zu Verblendungen führen. Je nach der Ernsthaftigkeit eurer Praxis und eurem Vertrauen in sie könnten die Unterweisungen gleichzeitig die Verblendung, ihr Heranreifen und ihre Klärung hervorrufen. Euer negatives Karma aus vergangenen Leben kann sich äußerlich in Form von Hindernissen und Erscheinungen manifestieren. All dieses Karma kann sofort heranreifen. Vielleicht fühlt ihr euch dann ohne jeden Grund todtraurig. Manchmal empfindet ihr vielleicht einen schmerzhaften Mangel an Hingabe. Manchmal können euch grundlos Zweifel an den Lehren kommen, oder ihr verliert das Vertrauen in den Lehrer. Dann können euer Interesse und euer Mitgefühl nachlassen, und wenn euch jemand einen Rat geben will, kann sich der Sinn seiner Worte ins Gegenteil verkehren. Es kann sein, dass euch jemand etwas Konstruktives sagen möchte und ihr das Gegenteil versteht. Die Wahrnehmung selbst kann zu eurer Feindin werden. Erscheinungen und Halluzinationen können euch furchtbares seelisches Leid zufügen. Eure bisher günstigen Lebensumstände können sich völlig ändern. Solche Probleme entstehen, weil ihr durch den Segen der Lehren und Anweisungen das Karma sehr schnell zur Reife bringen könnt. Gebt unter solchen Umständen nicht auf, brecht nicht unter der Last dieser projizierten Probleme zusammen und trennt eure Erfahrung nicht von eurer Praxis. Vertieft eure Erkenntnis.

---

84 Generell unterscheiden wir vier Arten von Verblendung (oder Verdunkelung): emotionale, gewohnheitsmäßige, intellektuelle und karmische Verblendung.

Betrachtet solche Situationen als Prüfung eurer Kraft und nutzt sie zur Weiterentwicklung euer Hingabe an den Dharma.

Wenn Leute im Retreat sind, haben sie zeitweise keine Lust weiterzumachen, sondern möchten das Retreat abbrechen oder sogar die gesamte Dharma-Praxis aufgeben. Solche negativen Emotionen entstehen durch die Kraft der Praxis. Wenn euch das geschieht, dann haltet dem Druck der Hindernisse stand und betrachtet die Situation als eine Prüfung eures Vertrauens in die Wahrheit der Praxis. Erkennt eure Verblendungen und überwindet sie, indem ihr sie in den Pfad überführt. Nutzt sie, indem ihr sie in eurer Praxis befreit, und macht das Ergebnis nicht dadurch zunichte, dass ihr euch durch Hindernisse untergraben lasst. Integriert jede Verblendung in den Pfad, empfindet dabei sehnsuchtsvolle Hingabe für euren Lama und erkennt ihn als die Verkörperung aller Buddhas der drei Zeiten. Der Anblick des Lamas vertreibt das Dunkel der Unwissenheit; ihn zu hören, zerreißt das Netz des Zweifels; sich seiner zu erinnern, übermittelt die tiefe Verwirklichung; mit ihm in Verbindung zu treten, gewährt die glückverheißenden *Siddhis*. Wenn wir über die Güte und die Eigenschaften des Lamas nachdenken, ist es unmöglich, ihnen allen Ausdruck zu geben. Strebt mit intensiven Gebeten und schier unerträglicher Sehnsucht nach dem Segen des Lamas. Entwickelt einen standhaften Geist, der die Hindernisse direkt in die Dimension der Praxis umwandelt.

Im Allgemeinen spricht man von vier dämonischen Verblendungen.[85] Wenn ihr sie kennt, sind andere negative Verblendun-

85 Vier Maras: (1) den Mara der Aggregate (Anhaftung an Form, Wahrnehmungen und geistige Zustände als wirklich); (2) den Mara der destruktiven Emotionen/Kleshas (unsere Abhängigkeit von den gewohnheitsmäßigen Mustern der störenden Emotionen); (3) den Mara des Herrn des Todes (der Tod, der unser Leben verkürzt, wie auch die Angst vor Veränderung, Unbeständigkeit und Tod); und

gen leicht auszumachen. Wir sollten auch »positive« Verblendungen erkennen. Sie kommen auf, wenn ihr bei der Praxis eine bestimmte Art Selbstvertrauen entwickelt, so dass ihr glaubt: »Ich mache das wirklich richtig.« Ihr möchtet euch über das Auftreten von Zeichen (der Verwirklichung) freuen und sagt euch: »Das sind die Zeichen« usw. Wenn ihr damit weitermacht, euch damit identifiziert und damit herumspielt, dann ist das nur eine weitere Art von Verblendung. Erkennt diese Hindernisse als solche, dann werdet ihr sie überwinden, und sie werden zu Verdienst.

Tretet ihr all den schwierigen Umständen entgegen und lasst euch nicht von ihnen überwältigen, sondern überführt sie direkt in den Pfad, dann wird euch das großen Gewinn bringen. Es wird euch Vertrauen geben, ihr werdet mehr Hingabe an den Lama empfinden, und ihr werdet sicher im Umgang mit negativen Situationen – diese selbst werden zum Pfad. Was auch geschieht, ihr werdet sofort das Gefühl haben, dass ihr spontan damit umgehen könnt. Ein alter Vater, der alles genau so sehen kann, wie es ist, ist ganz ruhig und sagt nur: »Wenn es kommt, soll es nur kommen. Ich bin bereit.« Wir brauchen diese Art furchtloser Zuversicht.

Seid nicht leichtfertig, aber vertraut euren Geist und euer Herz dem Lama an. Wendet euch ihm mit ungekünstelter Hingabe zu und sagt: »Gleich was passiert, ich gebe mich in Eure Hände.« Ihr solltet die Geistesstärke eines Kriegers haben. Seid nicht wie ein Schakal, der auf eine Leiche zugeht und fressen will, aber am ganzen Leibe vor Furcht bebt.

Es ist ziemlich einfach, die groben negativen Gedanken zu erkennen, wenn sie entstehen. Negative Gedanken, die als positive erscheinen, sind dagegen schwer zu entlarven. Wir müssen sorgsam darauf achten, sie zur Praxis zu machen, indem wir sie

---

(4) den Mara der Söhne der Götter (unser starkes Verlangen nach Vergnügen, Annehmlichkeiten und Ruhe).

erkennen – gleich, wie feinsinnig oder klug sie erscheinen mögen. Negative Verblendungen können sogar einen Yogi dazu verleiten, seine Verwirklichungen für sehr hoch zu halten, während sein Verhalten einfach nur dämonisch ist. Ihr könntet ganz buchstäblich zu Dienern dämonischer Kräfte werden, wenn ihr euch von eurer Praxis ablenken lasst und Größe und Bedeutung in diesem Leben anstrebt. Damit kettet ihr euch an die acht weltlichen Dharmas.[86] Dieser Zeitpunkt stellt für große Meditierende eine Prüfung dar, in der sich der Kern ihres Charakters offenbart. Können sie diese Verblendungen erkennen und sie auf dem Pfad auflösen? Dieser Punkt entscheidet über ihre weitere Entwicklung nach oben oder unten.

Wenn ihr ins Retreat gehen wollt, müsst ihr Beständigkeit entwickeln. Eure Entscheidung darf nicht nur kurzlebig sein. Führt das Retreat mit einsgerichteter Entschlossenheit durch. Verpflichtet euch zu einer längeren Retreat-Dauer, und lasst euch davon nicht abbringen.

Es hat keinen Sinn, viel zu reden, andere Leute hinters Licht führen und sie mit vorgetäuschten »Siddhis« beeindrucken zu wollen. Schweigt, bis euer inneres Gewahrsein im vollkommenen Erwachen zur Reife gekommen ist, bis die richtigen Zeichen der Verwirklichung sich zeigen und von eurem Lama bestätigt sind. Erzählt anderen nichts von diesen Zeichen, denn so etwas brächte nur verblendete Projektionen von deren Seite hervor. Haltet euren Mund geschlossen! Es ist wichtig, nicht mit Leuten zu verkehren, die negativ eingestellt sind oder negativ handeln. Lasst euch nicht ablenken vom Verlangen nach Nahrung, Bequemlichkeit oder einem leichten Leben und dadurch von der Praxis des Dharma und den essentiellen Anweisungen abbringen.

---

86 Siehe Fußnote 4 auf S. 16 oder das Glossar.

Verheimlicht eure eigenen Fehler nicht und kritisiert auch Andere nicht – das ist das Wichtigste. Sucht nicht die Fehler bei anderen und überseht dabei die eigenen. Ihr müsst die Ebene erreichen, auf der euch euer eigenes Dharma-Verständnis nicht täuscht. Begeht keine Handlungen, die eurer Praxis widersprechen. Wenn ihr behauptet, eine sehr hoch entwickelte Sicht zu besitzen und fähig zu sein, alles (in diese Sphäre hinein) bereinigen zu können, versteckt ihr eure Fehler lediglich hinter einer »Dharma-Maske«. Ihr betrügt euch nur selbst. Es widerspricht dem Dharma, euren Lebensunterhalt durch betrügerische Mittel zu verdienen. Es ist auch nicht akzeptabel, mit einem schlauen Mundwerk anderen zu schmeicheln, um eigennützige Ziele zu erreichen. Verwickelt euch auch nicht in sinnlose Handlungen oder unnötiges Gerede. Verschwendet nicht eure kostbare Zeit, sondern entwickelt eure Praxis weiter, so dass ihr in diesem Leben noch die Erleuchtung erreichen könnt.

Rituale zur Zähmung von Dämonen in den Dörfern sollten nur ausgeführt werden, um Lebensmittel zu erhalten. Lasst euch nicht von eurer Fähigkeit, Geister zu unterwerfen, beeindrucken. Lasst euch nicht auf Menschen und Orte ein; es ist besser, weiterzuziehen und in der Einsamkeit zu praktizieren. Folgt beim Alkoholgenuss nicht einfach euren Gelüsten und trinkt nicht, bis ihr betrunken seid. Tabakrauchen ist in jedem Fall negativ und selbstzerstörerisch. Viele Heilige haben darauf hingewiesen, dass Tabak zerstörerisch auf die Gesundheit und auf die Entwicklung spiritueller Klarheit wirkt. Ihr solltet diese Dinge aus tiefstem Herzen ablehnen. Trinkt Wein nur mit Maß, solange er einen positiven Einfluss auf euch hat. Genießt ihn als Samaya-Element, aber trinkt nicht so viel, dass euch der Kopf schwer wird. Jedes Übermaß ist hinderlich. Was ihr auch tut, tut es mit Maß, Klarheit und Zurückhaltung. Rennt nicht allem und jedem nach, was euch in den Sinn kommt.

Folgt keinen falschen Pfaden, dann gewinnt ihr Vertrauen in euch selbst und euer Handeln. Wenn ihr sagt: »Mein altes Karma hat mich in meine jetzige schreckliche Situation gebracht« und nichts zur Berichtigung eurer früheren Fehler tut, dann verstrickt ihr euch noch tiefer in negative Einflüsse und in schwierige Situationen und schadet euch schließlich noch mehr. Schiebt die Schuld nicht auf euer Karma aus der Vergangenheit! Praktiziert Dharma so vollkommen wie möglich! Lasst eure eigene Praxis und innere Hingabe Zeugnis ablegen für den richtigen Pfad. Dann braucht ihr in eurer Todesstunde nicht eure negativen Handlungen an euch vorbeiziehen zu lassen. Wir müssen Gebete sprechen, Visualisierungen praktizieren, Mantras rezitieren, Positives ansammeln und auf harmonische Weise mit den relativen Phänomenen – so wie sie sind – umgehen. Wenn wir versuchen, sie zu ignorieren, werden wir falsche Sichtweisen entwickeln.

Gegenwärtig begreifen wir die absolute Wahrheit nur auf der intellektuellen Ebene. Wir verstehen sie scheinbar, aber wir können sie nicht erfahren. Verstehen ist nicht Erfahren. Wenn sich die wirkliche Erfahrung in uns entfaltet, löst sich der dualistische Geist auf, unsere Handlungen und die Erscheinungen der Phänomene erschöpfen sich – ein vollkommen klarer Zustand des Gewahrseins bleibt zurück. Zur Zeit verstehen wir das nur mit dem Verstand, aber auch das sollten wir nicht aus den Augen verlieren.

Elfter Vortrag

Zusammenfassung

Nun erzeugt Bodhicitta und erkennt, dass unsere gütigen Elternwesen seit anfangsloser Zeit im Leidensmeer ertrinken. Um ihnen ihre Güte zu vergelten, hören wir dieser Unterweisung zu und ernten die Frucht der Erleuchtung. Mögen dadurch alle in das vollkommene Buddhaland eingehen und die Befreiung erfahren. Das sollte unsere ernste Absicht sein. Lasst uns von Herzen kommendes Mitgefühl und liebende Güte allen Lebewesen gegenüber entwickeln.

Der Buddha gab zwar entsprechend den Verständnis-Ebenen der Lebewesen viele verschiedene Unterweisungen, dennoch zielen alle 84.000 Verse seiner Lehre einzig auf die Verfeinerung unserer unreinen Wahrnehmung ab, damit wir die wahre Natur des Geistes erforschen können. Obgleich alle Lebewesen den Keim der Erleuchtung in sich tragen, können sie ihre eigene Buddha-Natur nicht erkennen. Sie sind der Verblendung, den projizierten Manifestationen der Phänomene verfallen. Sie betrachten die Phänomene als etwas Wirkliches, greifen danach und werden immer weiter verblendet. Ohne eine Entwicklung der Fähigkeit klar zu sehen, fehlt ihnen klare Wahrnehmung und verfangen sie sich so rettungslos im Kreislauf von Samsara. Das bildet die Grundlage für unaufhörliches Leid, Unwissenheit, Ignoranz.

Da wir Unwissenheit nicht erkennen als das was es ist, sondern im Gegenteil darin verharren, erzeugen wir negatives Karma, und verlieren uns immer weiter in unseren Projektion und prägen einen dualistischen Geist aus. Da der Geist grenzenlos ist, ist alles in dieser Welt der Phänomene möglich. Demgemäß übermittelte der Buddha verschiedene Unterweisungen, so dass die verschiedensten Menschen entsprechend ihren eigenen Bedürfnissen und Neigungen darauf reagieren konnten.

Die Sutra-Lehren wurden für großartige Wesen mit üblicher Geistesschärfe offenbart, während die Vajrayana-Lehren für Wesen mit höherer Auffassungsgabe bestimmt sind. Die letztendliche Frucht (das Erwachen) ist in den allgemeinen Unterweisungen die gleiche wie in denen des Vajrayana, obwohl wir im einen Fall vom »allgemeinen Fahrzeug« oder »Ursachen-Fahrzeug« und im anderen vom »Ergebnis-Fahrzeug« sprechen. Der Unterschied liegt darin, dass die Schüler des Ergebnis-Fahrzeugs einen besonders offenen Geist, klaren Verstand und durchdringende Urteilskraft besitzen sollten. Sie sollten dem Dharma unerschöpfliche Kraft und Ausdauer und ständigen Eifer entgegenbringen. Eine Person mit diesen Eigenschaften kann durch die Lehren des Vajrayana in einem Leben zur Erleuchtung erwachen. Im Ursachen-Fahrzeug strebt man nach dem gleichen Zustand der Erleuchtung, der Prozess des Heranreifens dauert jedoch länger. Im Ergebnis-Fahrzeug benötigt man einen scharfen Verstand, mit dessen Hilfe man das gewöhnliche Verständnis hinter sich lässt und zur inneren Weisheit vordringt. Wenn wir Ausdauer und eine offene Geisteshaltung besitzen und uns die geheimen Ermächtigungen zuteil wurden, ist das der schnellere Pfad zur Erleuchtung.

In der außergewöhnlichen Praxis des Atiyoga (der Großen Vollendung) ist die eigene Sicht soweit in ein reines und vollständiges Verständnis gereift, das alle entstehenden Phänomene als nichts anderes als Projektionen des Geistes erkennt. Der

Ausdruck der Phänomene ist das unbehinderte Spiel des Geistes selbst. Man anerkennt die relative Erscheinung der Phänomene, bringt sie aber mit dem absoluten Verständnis zusammen, so dass die relativen illusorischen Phänomene als relative illusorische Projektionen erscheinen.

Wenn wir von Kuntuzangpos oder Samantabhadras Geist sprechen, dann ist es wichtig zu erkennen, dass relative und absolute Wahrheit im Einen-Geschmack einsgeworden sind, jenseits von Annehmen und Ablehnen, von Richtig und Falsch. Seht alles als Manifestation des Geistes-an-sich, aber haftet nicht an den Manifestationen und lasst euch nicht von ihnen beeinflussen. Frei von Annehmen oder Ablehnen zu verweilen, das ist der Geist Kuntuzangpos; er ist das ursprüngliche, innere, unbeschreibliche Gewahrsein. Das lebendige, klare Gewahrsein ist frei von jeglicher Dimension. Dieser Geist von Kuntuzangpo ist die Manifestation der Weisheit selbst. Obwohl wir uns durch die Praxis (den Aspekt der Anwendung) der Erkenntnis der letztendlichen Natur annähern, müssen wir verstehen, dass wir dieses Gewahrsein seit anfangsloser Zeit besessen haben. Es kann nicht zu etwas Reinem oder Unreinem gemacht werden. Es hat keinerlei Makel. Es ist unsere ursprüngliche und wahrhaftige Natur.

Nach den Unterweisungen der Großen Vollendung meditieren wir mühelos im Gewahrsein und greifen nach nichts. Wir sind weder lasch noch verkrampft und lassen den Geist einfach sich selbst freisetzen. Durch diese Methode wird die Meditation zum inneren Gewahrsein, in welchem wir versuchen die letztendliche oder absolute Wahrheit zu sehen. Diese höchste Klarheit des Gewahrseins, »Rigpa« genannt, ist unsere eigene. Und selbst auf der relativen Ebene ist der Geist-an-sich nicht blockiert. Die Manifestationen der Phänomene, alle reinen und unreinen Wahrnehmungen, kommen aus Rigpa hervor. Reine Wahrnehmungen sind die fünf Buddhafamilien und Buddhaländer.[87] Gleichzeitig treten auch unreine Wahrnehmungen auf. Reine wie unreine Wahrnehmungen müssen als Ausdruck von Rigpa selbst erkannt werden. Da wir die fünf Buddhafamilien verkörpern, nehmen wir fünf Buddhafamilien wahr. Alle Phänomene, reine wie unreine, erfahren wir von unserer ursprünglichen Natur her.

Auch wenn wir über die Shunyata des Geistes reden, haben wir derzeit doch nur ein intellektuelles Verständnis davon. Wir müssen die Erfahrung dieser klaren und lebendigen Leerheit noch entwickeln. Wir müssen zugeben, dass wir unsere grobe Körperstruktur noch nicht in Atome auflösen und sie ins Licht hinein freisetzen können. Wir können unseren Geist noch nicht in die vollkommene Klarheit befreien. Immer noch haben wir das Konzept einer meditierenden Person und von Meditation. Immer noch erfahren wir Subjekt und Objekt. Immer noch sind wir in der Entwicklungsphase, in der wir die Sicht zu verwirklichen und sie in unserem Handeln zu verankern suchen. Wir sind noch nicht erleuchtet.

Solange wir uns noch nicht völlig rein verhalten und alle Phänomene zu Ende bringen können, sind wir im Wesentlichen unser gewöhnliches Selbst. Deshalb ist die Gefahr klar erkennbar, dass wir diese Lehren falsch auslegen. Wir könnten glauben, dass wir uns das letztendliche Verständnis zu eigen gemacht haben, dass sich alles aus der Leerheit heraus manifestiert, und dabei unsere Achtung der relativen Wahrheit gegenüber verlieren.

---

87 Das Mandala der fünf Buddhafamilien und -länder symbolisiert den reinen Bereich des Sambhogakaya und die verschiedenen Aspekte des Seins, wie die gereinigten Kleshas mit den entsprechenden daraus hervorgehenden fünf Weisheiten, sowie werden ihnen fünf Skandhas, fünf Elemente, fünf Himmelsrichtungen und Farben usf. zugeordnet.

Da der Geist nicht blockiert werden kann, manifestieren sich die Phänomene als der Ausdruck des Geistes. Wenn wir den relativen Aspekt nicht anerkennen und ihn auch nicht mit dem absoluten vereinen, kommt uns »die Sicht beim Handeln oder das Handeln bei der Sicht abhanden«. Es wäre ein falsches und gefährliches Verständnis der Leerheit, zu behaupten, so etwas wie Gelübdebrüche oder Fehler gebe es nicht. Damit verfielen wir in falsche Sichtweisen, und im Namen der absoluten Wahrheit begingen wir aufs Geratewohl alle möglichen negativen Taten. Das ist wirklich gefährlich. Auf der anderen Seite genügt es auch nicht, sich einfach auf die relativen Phänomene zu beziehen und sie auf einer intellektuellen Ebene als Manifestationen zu erkennen. Ihr müsst die Manifestationen in ihre innere Natur hinein befreien, ansonsten verliert ihr die Sicht.

Ihr mögt vielleicht denken, sowohl die relative Wahrheit als auch die Weite der großen Leerheit erkannt zu haben. Solange ihr jedoch auf den Schmerz reagiert, wenn euch jemand schlägt, ruht euer Gewahrsein nicht in der Leerheit. Ihr haftet an der Situation – das hat nichts mit Leerheit zu tun. Oder anders ausgedrückt: Wenn ihr keinen Schmerz oder Krankheit erfahrt, oder auf keine Situation als solche reagiert – wenn ihr weder glücklich noch unglücklich seid in der An- oder Abwesenheit von Freude und Schmerz, dann seid ihr wirklich frei von dualistischen Vorstellungen. Wenn ihr euch unter keinen Umständen irgendwelche Sorgen macht und auf keinerlei Dualismus reagiert, dann könnte man sagen, ihr habt die absolute Ebene der Leerheit erreicht.

Befasst ihr euch dagegen mit den Manifestationen, reagiert auf sie und unterscheidet gedanklich zwischen Rein und Unrein, so zeigt genau diese Unterscheidung, dass ihr Shunyata nicht erfahrt. Daher zeigten uns die mitfühlenden Buddhas, dass wir die Wahrnehmungen von Körper, Rede und Geist durch Rezitation und Visualisierungen läutern und in ein vollkommenes Gottheiten-Mandala überführen können. So etwas ist eigentlich gut gemachtes Flickwerk. Wir entwickeln reine Wahrnehmung auf der Basis unreiner Wahrnehmung. Vom absoluten Gesichtspunkt her gesehen, brauchen wir weder irgendeine Art von Flickwerk noch müssen wir irgendetwas zur Läuterung unserer Wahrnehmung unternehmen. Wir sollten unbekümmert und über jeden Dualismus erhaben sein.

Guru Rinpoche hat ausdrücklich darauf hingewiesen, dass die Menschen nach seiner Zeit die tiefgründige und unmittelbare Sicht der Großen Vollendung falsch verstehen werden. Daher haben wir die Sicht auf die solide Grundlage eines präzisen Verständnisses gestellt. Seit anfangsloser Zeit sind alle relativen Phänomene ungeboren und ungeschaffen. Sie entstehen einfach nur als glückverheißender reiner Ausdruck (*tsel*) von Rigpa selbst. Guru Rinpoche sagte, viele Menschen würden das falsch verstehen und dem extremen Glauben verfallen, sie seien frei von den Folgen ihres Handelns. Aber das ist keineswegs der Fall. Wir sind alle in Samsara und somit in den relativen Manifestationen der Phänomene gefangen. Wir sind selbst für die kleinsten unserer Handlungen verantwortlich, auch sie können schwerwiegende karmische Folgen nach sich ziehen. Wenn ihr behauptet: »Dudjom Rinpoche gab uns die Unterweisungen über die Große Vollendung. Da wir jetzt diese großartige Sicht entwickelt haben, können wir tun, was uns beliebt«, werdet ihr in die unteren Bereiche hinabfallen, und wir alle werden für eure Handlungen mitverantwortlich sein.

Da wir uns zur Zeit in der relativen Dimension befinden, sind wir in der Darstellung der relativen Projektionen verwickelt. Unsere Sicht ist noch nicht vervollkommnet. So gibt es Buddhaländer, gibt es Höllenbereiche, müssen wir positives Karma ansammeln, Mantras rezitieren, schlechtem Karma entsagen und es in Zukunft vermeiden. Negative Emotionen, Gedanken und Manifestationen sind eine Tatsache. Wir sollten sie als das erkennen, was sie sind, und sie sorgfältig untersuchen, so dass wir nicht negativ handeln, bloß weil wir die zwei Wahrheiten missachten.

Ohne die absolute Sicht ist es, als seien wir an einem verlassenen Ort ausgesetzt. Verweilt in der absoluten Sicht, dem absoluten Verständnis, aber anerkennt die relative Wahrheit, wie unbedeutend eure Handlung auch sein möge. Das Töten eines Insekts oder so etwas Einfaches wie das Anzünden einer Butterlampe, um Verdienst zu mehren, sind ursächliche Faktoren in der relativen Dimension unserer Existenz. Sie sind Handlungen, die Wirkungen hervorbringen, da wir in diese Projektion einbezogen sind.

Wir fragen vielleicht: »Wie sollen wir diese großartigen Unterweisungen in die Praxis umsetzen?« Verweilt ganz einfach in der Sicht. Was immer wir mit den drei Toren Körper, Rede und Geist tun, sollte sich mit Kuntuzangpos klarem Gewahrsein vereinen. Da unser Geist aktiv und lebendig ist, müssen wir die Sicht in die Praxis umsetzen, indem wir den Geist mit Gewahrsein beobachten. Alle Verdienste, die aus dem Vereinen der beiden Wahrheiten erwachsen, müssen wir dem Wohlergehen aller Wesen widmen und dabei erkennen, dass Subjekt und Objekt, das Dargebrachte und die darbringende Person, sich zusammen in den Raum Kuntuzangpos hinein auflösen.

Nehmt euch an der Lebensgeschichte und der vollkommenen Befreiung der Siddhas ein Beispiel. Lebt sparsam und seid standhaft in eurem Einsiedlerleben in den Bergen. Weicht euren Stolz auf und seid bescheiden. Lehnt die Menschen nicht ab, die euch nicht mögen, und zieht jene nicht vor, die euch gut behandeln. Nehmt euch ein Beispiel an der Entschlossenheit und am Mut der

Großen in Vergangenheit und Gegenwart. Seid unerschütterlich und verliert nicht den Mut. Erzeugt liebende Güte allen gegenüber und stellt ausnahmslos alle anderen über euch selbst. Ist es nicht offensichtlich, dass wir nur durch die Praxis des Dharma uns selbst und anderen Gutes tun können?

Betrachten wir jetzt den Tod und den Prozess des Sterbens. Wir sind aus den fünf Elementen zusammengesetzt. Das Fleisch ist das Erdelement. Das Blut ist das Wasserelement. Die Körperwärme ist das Feuerelement. Der Atem ist das Windelement. Das Bewusstsein ist das Raumelement. Wenn eine Person stirbt, lösen sich diese Elemente nach und nach ineinander auf. Während dieser Auflösung werden die Praktizierenden zu einem klareren Verständnis ihrer Praxis geführt. Dabei löst sich der Körper ins Blut auf; das Blut löst sich in die Wärme auf; die Wärme löst sich in den Atem auf; der Atem löst sich ins Bewusstsein auf, und das Bewusstsein, das zuletzt am Herz-Chakra angelangt ist, befreit sich schließlich selbst in den Raum hinein, und der Raum bleibt so strahlend, wie er ist.

Während der aufeinanderfolgenden Stadien des Todes beginnen die Essenz des Vaters (die durch ein HANG auf dem Scheitel symbolisch ausgedrückt werden kann) und die Essenz der Mutter (ausgedrückt durch ein AH TUNG im Nabel-Zentrum) miteinander zu verschmelzen. Sobald das beginnt, verlieren wir das Bewusstsein. Diesen Vorgang nennen wir: »Zusammentreffen der beiden Lichtheiten«: die Mutter-Lichtheit und die des Kindes vermischen sich. In diesem entscheidenden Augenblick, in dem die beiden Lichtheiten zusammentreffen, könnt ihr euch in die absolute Klarheit und Lichtheit hinein befreien. Daher bleibt der Körper großer Praktizierender bei ihrem Tode in der Meditationshaltung – je nach der Kraft ihrer Praxis für vier oder fünf Tage oder auch wochenlang. Sie lassen die Lichtheit entstehen und befreien sich in ihre Strahlkraft hinein. Im Allgemeinen strömen im Auflösungsprozess alle Elemente schließlich im Herzen zusammen. Wer sich dabei in die Lichtheit hinein befreit, ist frei von den Projektionen des Bardo. Im Zentrum des Herzens verweilen die Yogis in der Meditation, die sie zum Licht vollkommenen Erwachens führt.

Bei einigen Praktizierenden entsteht die klare Lichtheit (die Vereinigung von Mutter- und Sohn-Lichtheiten), löst sich jedoch sofort wieder auf. Diese Praktizierenden können das Entstehende nicht erkennen, und daher erscheinen ihnen die Bardo-Gottheiten. Aber selbst wenn ihr die Vereinigung der Lichtheiten nicht erkannt habt, könnt ihr zu verschiedenen Buddhaländern weitergehen – das hängt von der Kraft eurer Praxis und dem Grad eurer durch Praxis erworbenen reinen Wahrnehmung ab. Jene Bedauernswerten, die ohne jede Erkenntnis sind, nehmen einen mentalen Körper an und gehen in den Zwischenzustand (*bardo*) ein. Im Allgemeinen dauert der Zwischenzustand neunundvierzig Tage, ein kurzes Bardo währt einundzwanzig Tage. Es gibt jedoch auch einige Individuen, die so viel negatives Karma angehäuft haben, dass sie den Zwischenzustand nicht erfahren, sondern direkt in die untersten Bereiche eingehen.

Ihr, die ihr diese tiefgründige Unterweisung entwickeln wollt, solltet wissen, dass es viele Praktizierende gibt, die ihr gesamtes Leben im Retreat verbringen und den Dharma auf makellose Weise praktizieren, bis sie endgültig erwachen. Andere nehmen ein Retreat von einigen Jahren auf sich und praktizieren den Dharma mit einsgerichteter Konzentration. Dann gibt es Gelegenheits-Praktizierende, die den Lehren zuhören und ein wenig versuchen, sie auch anzuwenden. Ich glaube, wir können uns auch selber als solche Gelegenheits-Praktizierenden bezeichnen. Würden wir schätzen, welchen Prozentsatz unserer Lebenszeit wir wirklich dem Dharma widmen, kämen wir ungefähr auf fünf Prozent.

Beim Sterben sollten wir nicht an Gegenständen hängen oder nach ihnen greifen. Haltet nichts fest, nicht einmal so kleine Dinge wie eine Nadel. Befreit euch von eurem Haften an Besitz. Gebt eure Besitztümer weg, so dass ihr sie nicht mehr festhalten könnt. Zur Todesstunde können wir drei Arten von Praktizierenden unterscheiden. Hervorragende Praktizierende erwarten den Tod mit Freude, denn mit ihm kommt der Augenblick, in dem sie den stofflichen Körper mit dem mentalen Körper in einer Lichtheit vereinen können. Praktizierende der zweiten Art haben genügend praktiziert. Wenn der Tod kommt, sind sie vorbereitet und haben daher keinerlei Angst. Praktizierende der dritten Gattung sind jene gewöhnlichen Praktizierenden, die in der Todesstunde nichts zu bereuen haben. Wenn ihr eure tägliche Praxis standhaft und kraftvoll entwickelt habt, wird das Licht der Verwirklichung ohne Unterlass scheinen – Tag und Nacht sind dann nicht mehr getrennt. Im Tod werdet ihr euch mit dem Klaren Licht vereinen, ohne den Todesprozess selbst durchschreiten zu müssen. Jene, die das verwirklichen können, werden den Körper verfallen sehen, während ihr Bewusstsein und ihre Meditation im Klaren Licht verweilen. Praktizierende, die Unterweisungen über *phowa*[88] erhalten haben, können diese Praxis in der Todesstunde anwenden. Jene, die die richtige Sicht entwickelt haben, können sie praktizieren, wenn sie sterben, und entweder die Befreiung erlangen oder zu den verschiedenen Buddhaländern reisen.

---

88 Tib. (*'pho ba*) – die Übertragung des Bewusstseins zum Todeszeitpunkt in die Dharmakaya Natur, in ein Reines Land od., spezifisch in Dzogchen, in die Sphäre des Klaren Lichts, von einem selbst od. mit Hilfe von jemand anderem.

Diese Unterweisungen sind in keiner Weise überholt. Die Unterweisungen des Trekchö und Tögal haben bis zum heutigen Tag nichts von ihrer Wirksamkeit verloren. Schüler haben ihren Körper völlig in Regenbogenlicht aufgelöst und damit die Kraft und Wirksamkeit der Großen Vollendung bewiesen. Es gibt nicht den geringsten Verlust oder Bruch in der Überlieferungslinie. Bis zum heutigen Tag ist es möglich, den Regenbogenkörper zu erlangen, die Atome des Körpers und sich selbst in Licht aufzulösen.

Wenn ihr diese kostbare Unterweisung erhalten habt, die einem unbezahlbaren Edelstein gleicht, dann werft sie nicht weg und sucht nicht nach einer geringeren. Diese Unterweisung ist das Herzblut und die Essenz der Dakinis. Sie ist so kostbar! Seid euch dessen bewusst und meditiert mit freudigem Geist. Behaltet diesen Schatz in eurem Herzen und erreicht den großen Nutzen, den er euch und allen Wesen bringen kann.

Ich habe die Anweisungen über Sicht, Meditation und Verhalten durch das »Treffen der Essenz in drei Worten« zusammenhängend vorgestellt. Gleichzeitig habt ihr gehört, welche verschiedenen Erfahrungen auftauchen werden: Klarheit, Glückseligkeit und der dumpfe Zustand des Nicht-Denkens. All dies bringt diese Übung hervor. Ich habe euch darin unterwiesen, wie man praktiziert und die Lehren bis zum Ende durchmisst. Alles liegt in eurer Hand.

Jetzt widmen wir das Verdienst aus dem tiefgründigen Richö, den Berg-Dharma-Lehren, dem Wohlergehen jedes einzelnen gütigen Elternwesens.

Sarva Maṅgalam

Addendum

Die Herzessenz der Großen Meister

Ein Girlande grundlegender Hinweise für Schüler

Von Seine Heiligkeit Dudjom Rinpoche

(Dudjom Jigdrel Yeshe Dorje)

Die Herzessenz der Grossen Meister

Ein Girlande grundlegender Hinweise für Schüler
von S.H. Dudjom Rinpoche[89]

1. *Kostbarster und freundlichster Wurzel-Guru,*
   Herr des Mandala, einzig unfehlbare und dauerhafte Zuflucht,
   Halte mich mit Deinem Mitgefühl!
   Ich sorge nur für dieses Leben und ignoriere den Tod,
   So verschwende ich diese freie und kostbare menschliche Geburt.

2. *Dieses vergängliche menschliche Leben ist wie ein Traum –*
   Möge es glücklich sein, oder traurig.
   Ohne nach Freuden zu verlangen oder Kummer zu fliehen,
   Möge ich wirklich das wundervolle Dharma praktizieren.

3. *Dieses menschliche Leben ist wie ein Kerzenlicht im Wind –*
   Möge es lang währen, oder kurz.
   Ohne den festen Griff des Ich zu verstärken,
   Möge ich wirklich das wundervolle Dharma praktizieren.

4. *Ein Leben im Luxus ist wie ein bezauberndes Traumbild –*
   Möge es sich ergeben, oder nicht.

---

89 »Heart-Essence of the Great Masters« by Dudjom Rinpoche, Mirror Editions, Sahayogi Press, Kathmandu, Nepal, 1991

Indem ich die acht weltlichen Dharmas wie Spreu wegwerfe,
Möge ich wirklich das wundervolle Dharma praktizieren.

5. *Dieses ganze Gefolge ist wie ein Vogelschwarm in einem Baum –*
Möge es um mich versammelt sein, oder nicht.
Ohne mich von anderen an der Nase führen zu lassen,
Möge ich wirklich das wundervolle Dharma praktizieren

6. *Dieser illusorische Körper ist wie ein verfallendes hundertjähriges Haus –*
Möge er dauern, oder in Staub zerfallen.
Ohne mich in Bemühungen um Nahrung, Kleidung oder Medizin zu verstricken,
Möge ich wirklich das wundervolle Dharma praktizieren.

7. *Dieses religiöse Verhalten ist wie ein Kinderspiel –*
Möge es weitergehen, oder aufhören.
Ohne mich selbst mit Dingen zu betrügen, die nicht wirklich zählen,
Möge ich wirklich das wundervolle Dharma praktizieren.

8. *Diese Götter und Dämonen sind wie die Bilder eines Spiegels –*
Mögen sie hilfreich sein, oder schädlich.
Ohne meine eigenen täuschenden Visionen als Feinde anzusehen,
Möge ich wirklich das wundervolle Dharma praktizieren.

9. *All dies konfuse Gerede ist wie ein spurloses Echo –*
Möge es interessant sein, oder nicht.
Indem ich die drei Juwelen und meinen eigenen Geist als Zeugen nehme,
Möge ich wirklich das wundervolle Dharma praktizieren.

10. *In der Zeit wirklicher Not erweisen sich viele Dinge*
als so nutzlos wie ein Hirschgeweih –
Möge ich diese Dinge kennen, oder nicht.
Ohne mein Vertrauen nur in die Wissenschaften
und Künste zu setzen,
Möge ich wirklich das wundervolle Dharma praktizieren.

11. *Diese Geschenke und Spenden der Gläubigen*
sind wie ein tödliches Gift –
Möge ich sie erhalten, oder nicht.
Ohne mein Leben damit zu vergeuden,
unheilsam erworbene Einkünfte anzuhäufen,
Möge ich wirklich das wundervolle Dharma praktizieren.

12. *Diese angesehene Stellung ist wie in Satin eingewickelter Hundekot -*
Möge ich sie erlangen, oder nicht.
Indem ich meiner eigenen Verdorbenheit klar gewahr bin,
Möge ich wirklich das wundervolle Dharma praktizieren.

13. *Freunde und Familie sind wie Reisende,*
die zu einem Fest zusammenkommen –
Mögen sie boshaft sein, oder liebevoll.
Indem ich die festen Fesseln des Anhaftens
in meinem Herzen abschneide,
Möge ich wirklich das wundervolle Dharma praktizieren.

14. *All dieser Besitz ist wie ein im Traum gefundener Reichtum –*
Möge ich ihn besitzen, oder nicht.
Ohne anderen mit Höflichkeiten und Schmeicheleien
den Kopf zu verdrehen,
Möge ich wirklich das wundervolle Dharma praktizieren.

15. *Dieser Rang in der Hierarchie ist wie das Hocken*
    eines kleinen Vogels auf einem Ast –
    Möge er hoch sein, oder niedrig.
    Ohne mich durch das Verlangen nach einer besseren Position
    unglücklich zu machen,
    Möge ich wirklich das wundervolle Dharma praktizieren.

16. *Diese schwarzmagischen Kräfte sind wie tödliche Waffen –*
    Möge ich sie beherrschen, oder nicht.
    Ohne das Messer zu kaufen, das meine eigene Kehle durchschneidet,
    Möge ich wirklich das wundervolle Dharma praktizieren.

17. *Diese Rezitationen sind wie das* »OM MANI PADME HUM«
    eines Papageien –
    Möge ich sie ausführen, oder nicht.
    Ohne mich meiner Praxis zu rühmen,
    Möge ich wirklich das wundervolle Dharma praktizieren.

18. *Diese Dharmabelehrungen sind wie ein rauschender Strom –*
    Möge ich ein Experte darin sein, oder nicht.
    Ohne bloße Sprachgewandtheit für das Dharma zu halten,
    Möge ich wirklich das wundervolle Dharma praktizieren.

19. *Dieser schnell urteilende Intellekt ist wie ein grabendes Schwein –*
    Möge er scharf sein, oder stumpf.
    Ohne die Stacheln von sinnlosem Ärger und Anhaftung
    aufsteigen zu lassen,
    Möge ich wirklich das wundervolle Dharma praktizieren.

20. *Diese Meditationserfahrungen des Yogi*
    sind wie Brunnenwasser im Sommer –

Mögen sie zunehmen, oder abnehmen.
Ohne wie ein Kind den Regenbögen nachzujagen,
Möge ich wirklich das wundervolle Dharma praktizieren.

21. *Diese reine Wahrnehmung ist wie Regen auf einem Berggipfel –*
Möge sie erscheinen, oder nicht.
Ohne illusorische Erfahrungen für wirklich zu halten,
Möge ich wirklich das wundervolle Dharma praktizieren.

22. *Diese Freiheiten und günstigen Bedingungen*
sind wie ein wunscherfüllendes Juwel –
Wenn sie fehlen, so gibt es keinen Weg das heilige Dharma
zu verwirklichen.
Ohne die Dinge wegzuwerfen, die mir zur Verfügung stehen,
Möge ich wirklich das wundervolle Dharma praktizieren.

23. *Der ehrwürdige Guru ist wie ein Licht,*
das den Weg der Befreiung erhellt –
Wenn ich ihm nicht begegne, so gibt es keinen Weg
die wahre Natur zu verwirklichen.
Ohne in den Abgrund zu springen,
wo ich doch den zu gehenden Weg kenne,
Möge ich wirklich das wundervolle Dharma praktizieren.

24. *Das heilige Dharma ist wie ein Heilmittel,*
das die Krankheit beseitigt –
Wenn ich es nicht höre, so gibt es keinen Weg zu entscheiden,
was ich tun und was ich lassen sollte.
Ohne Gift zu schlucken, wo ich doch Wohl und Wehe
unterscheiden kann,
Möge ich wirklich das wundervolle Dharma praktizieren.

25. *Der Wechsel von Glück und Leid ist wie der Wechsel der*
Jahreszeiten,
Wenn dies nicht gesehen wird, so gibt es keinen Weg
Entsagung zu entwickeln.
Da mir mit Sicherheit eine Zeit des Leidens begegnen wird,
Möge ich wirklich das wundervolle Dharma praktizieren.

26. *Samsara ist wie das Versinken eines Steins im Wasser –*
Wenn ich da jetzt nicht herauskomme, dann auch später nicht.
Indem ich mich selbst an der Rettungsleine
der mitfühlenden Drei Juwelen herausziehe,
Möge ich wirklich das wundervolle Dharma praktizieren.

27. *Die guten Qualitäten der Befreiung sind wie eine Insel voller*
Juwelen –
Wenn diese nicht erkannt werden, so gibt es keinen Weg
Bemühen zu entwickeln.
Indem ich den Vorteil eines dauerhaften Sieges erkenne,
Möge ich wirklich das wundervolle Dharma praktizieren.

28. *Die Lebensgeschichten der großen Meister*
sind wie die Essenz von Amrita –
Wenn sie nicht bekannt sind, so gibt es keinen Weg
Vertrauen zu entwickeln.
Ohne die Selbstzerstörung zu wählen, wo ich doch zwischen
Gewinn und Verlust unterscheiden kann,
Möge ich wirklich das wundervolle Dharma praktizieren.

29. *Bodhicitta ist wie ein fruchtbares Feld –*
Wenn es nicht kultiviert wird, so gibt es keinen Weg
Erleuchtung zu erlangen.
Ohne untätig zu verweilen, wo es doch ein großes Ziel zu
verwirklichen gibt,
Möge ich wirklich das wundervolle Dharma praktizieren.

30. *Meine eigenen Gedanken sind wie die Dummheiten eines Affen –*
Wenn sie nicht bewacht werden, so gibt es keinen Weg,
schmerzliche Gefühle zu vermeiden.
Ohne unbeherrscht zu handeln wie ein Verrückter,
Möge ich wirklich das wundervolle Dharma praktizieren.

31. *Das Ich ist wie ein natürlicher Schatten –*
Wenn es nicht losgelassen wird, so gibt es keinen Weg,
einen Ort wirklicher Freude zu erreichen.
Ohne mich mit dem Feind anzufreunden,
wenn er in meinen Händen ist,
Möge ich wirklich das wundervolle Dharma praktizieren.

32. *Die fünf Gifte sind wie heiße Gluten in der Asche –*
Wenn sie nicht ausgelöscht werden, so kann man nicht
im natürlichen Zustand des Geistes verweilen.
Ohne giftige Schlangenbabies in meinen Taschen zu züchten,
Möge ich wirklich das wundervolle Dharma praktizieren.

33. *Dieser Geistesstrom ist wie die harte Haut eines Butterbeutels –*
Wenn er nicht gezähmt und besänftigt wird, so können der Geist
und das Dharma sich nicht vermischen.
Ohne dieses von selbst geborene Kind zu verziehen,
Möge ich wirklich das wundervolle Dharma praktizieren.

34. Diese tief verwurzelten schlechten Gewohnheiten und karmischen
Muster sind wie die starke Strömung eines Flusses –
Wenn sie nicht abgeschnitten werden, so ist es unvermeidlich,
gegen das Dharma zu handeln.
Ohne meinen Feinden Waffen zu verkaufen,
Möge ich wirklich das wundervolle Dharma praktizieren.

35. Diese Ablenkungen sind wie endlose Wellen –
Wenn sie nicht aufgegeben werden, so gibt es keinen Weg,
Stabilität zu entwickeln.
Ohne mich Samsara hinzugeben, wenn ich frei wählen kann,
Möge ich wirklich das wundervolle Dharma praktizieren.

36. Der Segen des Guru ist wie der Frühling, der Erde und Wasser
erwärmt –
Wenn er mich nicht durchdringt, so gibt es keinen Weg
die Natur des Geistes kennenzulernen.
Ohne einen großen Umweg zu nehmen,
wenn es doch eine Abkürzung gibt,
Möge ich wirklich das wundervolle Dharma praktizieren.

37. Dieses Retreat in der Einsamkeit ist wie der Sommer an einem
lieblichen Platz voller Heilkräuter –
Wenn ich nicht hier bleibe, so gibt es keinen Weg,
dass gute Eigenschaften entstehen.
Ohne in die dunklen Städte zurückzukehren,
wenn ich hoch oben in den Bergen bin,
Möge ich wirklich das wundervolle Dharma praktizieren.

38. Dieses Verlangen nach Vergnügen
ist wie ein unheilsamer Geist im Haus –

Wenn ich davon nicht frei bin,
so werde ich nie aufhören, Leiden zu schaffen.
Ohne einem gefräßigen Dämonen Opfer wie meinem Yidam
darzubringen,
Möge ich wirklich das wundervolle Dharma praktizieren.

39. *Achtsamkeit ist wie das Schloss eines Festungstores –*
Wenn sie fehlt, kann man die Bewegungen der Illusionen
nicht aufhalten.
Ohne zu vergessen das Tor zu verschließen,
wenn der Dieb doch mit Sicherheit erscheinen wird,
Möge ich wirklich das wundervolle Dharma praktizieren.

40. *Die wahre Natur ist unwandelbar wie der Himmelsraum –*
Solange sie nicht verwirklicht wird, lassen sich Zweifel in Bezug
auf die Sicht nicht vollständig klären.
Ohne mich von Theorien fesseln zu lassen,
Möge ich wirklich das wundervolle Dharma praktizieren.

41. *Das Bewusstsein ist wie ein makelloser Kristall –*
Solange es nicht erkannt wird, kann absichtsvolle Meditation
sich nicht auflösen.
Ohne nach jemand anderem zu suchen,
wenn es doch diesen untrennbaren Gefährten gibt,
Möge ich wirklich das wundervolle Dharma praktizieren.

42. *Das Antlitz des natürlichen Geistes ist wie das eines alten*
Freundes –
Wenn es nicht erkannt wird, so führt alles Tun nur in die Irre.
Ohne mit geschlossenen Augen in der Dunkelheit herumzutasten,
Möge ich wirklich das wundervolle Dharma praktizieren.

43. *In Kürze, ohne die Beschäftigungen dieses Lebens loszulassen,*
Gibt es keinen Weg, die heiligen Lehren nach dem Tod zu
verwirklichen.
Indem ich mich entschlossen habe, zu mir selbst freundlich zu sein,
Möge ich wirklich das wundervolle Dharma praktizieren.

44. *Möge ich nicht falsche Sichtweisen in Bezug auf den Guru haben,*
der mir Anweisungen in Einklang mit dem Dharma
gegeben hat.
Möge ich nicht das Vertrauen in den Yidam verlieren,
wenn ich Schicksalsschläge erfahre.
Möge ich nicht die Dharma-Praxis aufgeben,
wenn die Umstände schwierig sind.
Mögen keine Hindernisse auftreten
beim Verwirklichen des Erwachens.

45. *All diese Aktivitäten sind so sinnlos wie das Herumwandern*
in einer Wüste.
All dieses Bemühen macht meinen Geistesstrom nur noch rigider.
All dieses Denken verstärkt nur meine Illusionen.
All diese Weitergabe des Dharma an weltliche Menschen
ist nur die Ursache weiterer Fesseln.

46. *So viel Aktivität – es bringt nichts.*
So viel Denken – es ist sinnlos.
So viel Verlangen – es ist Zeitverschwendung.
Indem ich dies alles aufgebe, möge ich fähig sein,
in Einklang mit den Anweisungen zu praktizieren.

47. *Wenn ich etwas tun will, so möge Buddhas Lehre*
mein Zeuge sein.
Wenn ich etwas tun will, so möge mein Geistesstrom
sich mit dem Dharma vermischen.
Wenn ich etwas verwirklichen will,
so möge ich die Lebensgeschichten der alten Meister lesen.
Was ist der Sinn von anderen Dingen? Du verzogenes Kind!
Nimm einen niedrigen Sitz ein und werde reich an Zufriedenheit.
Streng dich an, frei von den acht weltlichen Sorgen zu werden.

48. *Möge der Segen des Guru mich durchdringen,*
Möge meine Verwirklichung dem Himmelsraum gleichwerden.
Gebt Euren Segen, so dass ich Kuntuzangpos Thron erreiche.

Niedergeschrieben von Jigdrel Yeshe Dorje (Dudjom Rinpoche) für seine eigenen Gebete, als eine Zusammenfassung des tiefen Sinns der Vajraworte der Ermahnung der alten großen Meister.

Lhasa, 1924.

Dies wurde dargebracht mit Gebeten für den fortwährenden Segen von S.H. Dudjom Rinpoche, Jigdrel Yeshe Dorje, und für ein langes Leben seiner Emanation – zum Wohle aller Wesen.

Ins Englische übertragen von Bhakka Tulku Rinpoche und Constance Wilkinson. Ins Deutsche übersetzt von M. B. Schiekel, Ulm, 2003.[90]

Sarva Maṅgalam.

Glossar

im Buch verwendeter Begriffe[91]

0-9

Zwei Ansammlungen (skt. *sambhāradvaya*, tib. *tshogs gnyis*) – die Ansammlung (Erfahrung, Übung) von Verdienst (tib: *bsod nams*, skt. *puṇya*) u. Weisheit (tib. *ye shes*, skt. *jñāna*).

Zwei Wahrheiten (skt. *dvasatya*, tib. *bden pa gnyis*): Alles hat einen absoluten Aspekt, die –›*absolute Wahrheit*, u. einen relativen Aspekt, die –›*relative Wahrheit*. Die absolute od. ultimative Wahrheit ist die inhärente Natur von allem; so wie die Dinge wirklich sind. Die konventionelle od. relative Wahrheit ist, wie die Dinge erscheinen. Diese »Zwei Wahrheiten« sind jedoch keine zwei getrennten Dimensionen, sondern zwei Aspekte einer einzigen Wirklichkeit.

Zwei Yanas: die Unterteilung in –›*Ursachen-Yana* (Sutrayana) u. –›*Ergebnis-Yana* (Tantrayana). –›*Neun Yanas*

Drei Chakren: Die drei –›*Chakren* sind: (1) an der Stirn zwischen den Augenbrauen (»drittes Auge«), (2) an der Kehle u. (3) im Herzen u. beziehen sich auf Körper, Rede u. Geist. Mit diesen drei Chakren wird insbesondere im –›*Guru-Yoga* meditiert.

Drei Juwelen (skt. *triratna*, tib. *dkon mchog gsum*): Buddha, –›*Dharma* u. Sangha, die Objekte der äußeren –›*Zuflucht*.

---

91 Das Glossar wurde vom Herausgeber unter Zuhilfenahme des Rigpawikis sowie weiterer Quellen erstellt.

Drei Kayas, Trikaya (skt. *trikāya*), **Ku sum** (tib. *sku gsum*): die drei Körper eines Buddha: *dharmakāya*, tib: Chöku (*chos kyi sku*), der Wahrheits- od. absolute Körper; *saṃbhogakāya*, tib: Longku (*longs spyod rdzogs pa'i sku*), der freudvolle Körper od. die Dimension der vollkommenen Freude; *nirmāṇakāya*, tib: Tulku (*sprul pa'i sku*), der manifeste Körper od. die Dimension der unaufhörlichen Manifestation. Die Definition der drei Kayas variiert entsprechend den Stufen u. Klassen, entsprechend dem Verständnis der Schüler. Im Dzogchen werden diese z.B. auch als Essenz (leere offene Weite), Natur (strahlende Klarheit) u. mitfühlende Manifestation (grenzenlos, liebevolle Hinwendung) beschrieben.

Drei Pitakas (skt. *tripiṭaka*, tib. *sde snod gsum*): die drei »Körbe« od. Unterteilungen der Lehre Buddhas: Vinaya, Sutra u. Abhidharma, die sich auf das Training in Disziplin, Meditation u. Weisheit beziehen, womit schlechte Gewohnheiten, Zweifel u. falsche Ansichten ausgeräumt werden.

Drei Wurzeln (tib: *rtsa ba gsum*): sind auf tibetisch –›*Lama* (*bla ma*), –›*Yidam* (*yi dam*), Khandro (*mkha' 'gro ma*) u. in Sanskrit *guru, deva* (*iṣṭadevatā*), –›*ḍākinī*. Die drei Wurzeln bilden die Innere Zuflucht des Geheimen Mantrayana u. sind die Basis für alle positiven Ansammlungen, sowie für Segen, Verwirklichungen u. Inspirationen.

Drei Yanas (skt. *triyāna*, tib. *theg pa gsum*): –›*Hinayana*, –›*Mahayana*, –›*Vajrayana* (= *tantrayāna* = *mantrayāna*). –›*Neun Yanas*

Vier Arten der Freude, die Vier Unermesslichen (skt. *caturaprameya*, tib. *tshad med bzhi*): (1) Liebe: der Wunsch, alle Wesen mögen Freude u. die Ursache von Freude haben; (2) Mitgefühl: der Wunsch, die Wesen mögen frei von Leiden u. dessen Ursache sein; (3) Freude: der Wunsch, die Wesen mögen glücklich sein u. das Glück möge sich vermehren; (4) Gleichmut: der Wunsch, die Wesen mögen frei sein von Ablehnung einigen gegenüber u. Zuneigung anderen gegenüber.

Vier Ermächtigungen (tib. *dbang bzhi*): vier Einweihungen des Inneren Tantra, die u.a. beim –›*Guru-Yoga* durchgeführt werden: 1. Die Vasen-Ermächtigung (tib. *bum pa'i dbang*, skt. *kalaśābhiṣeka*) des Körpers. 2. Die Geheime Ermächtigung (tib. *gsang ba'i dbang*, skt. *guhyābhiṣeka*) der Rede. 3. Die Einsichts-Weisheits-Ermächtigung (tib. *shes rab ye shes kyi dbang*, skt. *prajñājñānābhiṣeka*) des Geistes. 4. Die wertvolle »Wort-« od. Symbol-Ermächtigung (tib. *tshig dbang rin po che*), die sowohl Körper, Rede u. Geist als auch gute Qualitäten u. spirituelle Aktivität betrifft. Die vier Ermächtigungen betreffen auch die respektiven –›*vier Kayas*.

Vier Gedanken, um den Geist von Samsara abzuwenden (tib. *blo ldog rnam bzhi*): Die vier Gedanken, den Geist von Samsara abzuwenden, sind Reflexionen über: 1. die Schwierigkeit, eine glückverheißende menschliche Geburt mit den acht Freiheiten u. zehn Bedingungen zu erlangen, 2. die Vergänglichkeit des Lebens, 3. das unfehlbare karmische Gesetz von Ursache u. Wirkung, u. 4. die Fehler u. das Leiden Samsaras. Die ersten beiden wenden den Geist davon ab, sich um dieses Leben zu sorgen u. die letzten beiden, Hoffnungen auf ein zukünftiges Leben zu hegen.

Vier Kayas (tib. *sku bzhi*, skt. *catuḥkāya*): die –›*Drei Kayas* u. der –›*Svabhavikakaya*.

Vier Maras (tib. *bdud bzhi*, skt. *catvāri māra*): vier Arten behindernder »dämonischer« Kräfte auf dem spirituellen Pfad. Sie besitzen keine eigene inhärente Existenz, sondern sind durch den Geist geschaffen. Sie umfassen den (1) Mara der Aggregate (Anhaftung an Form, Wahrnehmungen u. geistige Zustände als wirklich); (2) Mara der destruktiven Emotionen/

Kleshas (unsere Abhängigkeit von den gewohnheitsmäßigen Mustern der störenden Emotionen); (3) Mara des Herrn des Todes (der Tod, der unser Leben verkürzt, wie auch die Angst vor Veränderung, Unbeständigkeit u. Tod); u. (4) Mara der Söhne der Götter (unser starkes Verlangen nach Vergnügen, Annehmlichkeiten u. Ruhe). –›*Mara*

Fünf Arten der Weisheit (tib. *ye shes lnga*): Die fünf Aspekte ursprünglicher Erkenntnis (*Yeshe*) u. die ihnen zugeordneten gereinigten destruktiven Geisteszustände sind: die spiegelgleiche Weisheit (spiegelgleiche Klarheit – Wut, Zorn), die Weisheit der Wesensgleichheit (vollkommene Gleichheit – Stolz), die unterscheidende Weisheit (genaue Wahrnehmung – Begierde), die alles-vollendende Weisheit (vollständiges Vollenden – Neid, Eifersucht) u. schließlich die alles umfassende Weisheit bzw. die Weisheit des Dharmadhatu (allumfassender Raum – Ignoranz, Verblendung).

Fünf Buddhafamilien (skt. *pañcakula*, tib. *rigs lnga*): Das Mandala der fünf Buddhafamilien symbolisiert die verschiedenen Aspekte des Seins. Die fünf Familien sind: Buddha, Vajra, Ratna, Padma u. Karma. Jeder Familie wird ein zu reinigendes Geistesgift (Kleshas), eine der entsprechend daraus hervorgehenden fünf Weisheiten, fünf Skandhas, eines der fünf Elemente, Farben, Himmelsrichtungen, Symbole, sowie je ein männlicher u. eine weibliche Buddha zugeordnet. Die Fünf Buddhafamilien mit ihren reinen Ländern symbolisieren auch den reinen Bereich des Sambhogakaya. –›*Buddhafeld*

Fünf Geistesgifte/Fünf destruktive, begrenzende od. störende Geisteszustände (skt. *pañca kleśaviṣa*, tib. *dug lnga*): Die fünf Kleshas sind Begierde, Zorn, Verblendung od. Ignoranz, Stolz u. Eifersucht, oft auch als störende Emotionen od. fünf Gifte bezeichnet.

Fünf Skandhas, Fünf Aggregate od. Daseinsgruppen (skt. *pañca-skandha*, tib. *phung po lnga*): Die fünf psycho-physischen Aggregate sind: Form (skt. *rūpa*, tib. *gzugs*), Fühlen (skt. *vedanā*, tib. *tshor ba*), Wahrnehmung (skt. *saṃjñā*, tib. *'du shes*), geistige Formation (skt. *saṃskāra*, tib. *'du byed*) u. Bewusstsein (skt. *vijñāna*, tib. *rnam shes*). Die fünf Aggregate machen unsere ganze mentale u. physikalische Existenz aus u. sind lt. buddhistischer Philosophie die Basis für das Greifen nach einem Selbst.

Sechs (Daseins-)Bereiche, sechs Klassen von Wesen (skt. *ṣaḍgati*, tib. *rigs drug*): Die sechs Welten od. Bereiche Samsaras u. der in ihnen dominierenden Geistesgifte sind die Bereiche der (1) Götter (tib. *lha*) – Stolz; (2) Halbgötter od. Asuras (*lha min*) – Eifersucht; (3) Menschen (*mi*) – Begierde; (4) Tiere (*dud 'gro*) – Dummheit; (5) hungrigen Geister od. Pretas (*yi dvags*) – Geiz; u. (6) Höllenwesen (*dmyal ba*) – Zorn.

Sechs Paramitas od. transzendente Vollkommenheiten (skt. *ṣaṭ-pāramitā*, tib. *pha rol tu phyin pa drug*): Die sechs transzendenten Tugenden od. Vollkommenheiten sind: Großzügigkeit (skt. *dāna*, tib. *sbyin pa*), ethisches Verhalten od. Disziplin (skt. *śīla*, tib. *tshul khrims*), Geduld (skt. *kṣānti*, tib. *bzod pa*), energischer od. freudvoller Fleiß (skt. *vīrya*, tib. *brtson 'grus*), meditative Konzentration (skt. *dhyāna*, tib. *bsam gtan*), Einsicht od. Weisheit (skt. *prajñā*, tib. *shes rab*) – vereint mit Mitgefühl u. wirksamen Methoden (skt. *upāya*) u. frei von Sehnsucht, Selbstüberhebung u. Ansichten (z.B. eines Gebenden, des Gebens u. eines Empfangenden). Diese umfassen das Training eines Bodhisattva – die ersten fünf korrespondieren mit der Ansammlung von Verdienst u. die sechste mit der Ansammlung von Weisheit. –›*Zwei Ansammlungen*

Sieben-Zweige-Darbringung (skt. *saptāṅga*, tib. *yan lag bdun*): od. »die sieben Aspekte der Praxis der Hingabe« sind (1) Niederwerfungen, (2) Darbringungen, (3) Bekennen von Fehlern (u. Versprechen es nicht weiter zu tun), (4) Mitfreude, (5) Bitte um Unterweisungen (»das Rad des Dharma zu drehen«), (6) die Lehrer bitten zu verweilen (u. nicht nach Paranirvana zu gehen) u. (7) Widmung des Verdienstes. Diese Übungen bilden jeweils eine Gegenmittel zu Stolz, Habgier, Zorn, Eifersucht, Verblendung-Ignoranz, falsche Sichtweisen u. Zweifel. Sie sind die Zusammenfassung aller entscheidenden Punkte, um die –›*Zwei Ansammlungen* (von Verdienst u. Weisheit) zu vervollkommnen.

Acht weltlichen Angelegenheiten od. Dharmas: Hoffen auf Gewinn u. Angst vor Verlust, Hoffen auf Freude u. Angst vor Leiden, Hoffen auf Ruhm u. Angst vor Unbedeutendheit, Hoffen auf Lob u. Angst vor Tadel. Diese führen zu störenden destruktiven Geisteszuständen u. damit zu Leiden in Samsara u. widersprechen dem Ziel der spirituellen Praxis.

Neun Yanas (tib. *theg pa dgu*): eine Unterteilung des gesamten Spektrums des spirituellen Pfades entsprechend der –›*Nyingma*-Tradition. Es werden neun Yanas in drei Gruppen unterschieden: die drei äußeren Yanas (Sutrayana): 1. Der Weg des Shravaka (*śrāvaka yāna*), 2. Der Weg des Pratyekabuddha (*pratyekabuddha yāna*), 3. Der Weg des Bodhisattva (*bodhisattva yāna*); die drei inneren Yanas des vedischen Asketismus: 4. Kriyatantra (*kriyātantra yāna*), 5. Upayogatantra (*caryātantra*), 6. Yogatantra; die drei geheimen Vajrayana-Yanas der kraftvollen transformativen Methoden: 7. Mahayoga (*mahāyoga*), 8. Anuyoga (*anuyoga yāna*) u. 9. Ati Yoga od. Dzogchen (*atiyoga yāna*). Die ersten beiden äußeren Yanas bilden das –›*hīnayāna*, mit dem dritten Weg des Bodhisattva beginnt das –›*mahāyāna*, während die restlichen sechs Yanas das –›*tantrayāna* bilden.

A

Abhängiges Entstehen, Tendrel (tib. *rten 'brel,* skt: *pratītya-samutpāda*): alle inneren od. äußeren Phänomene entstehen nicht ohne eine Ursache, noch entstehen sie durch einen ursachenlosen u. unveränderlichen Schöpfer, wie das Selbst, Gott od. Zeit, vielmehr erscheinen sie durch das Zusammenkommen ihrer eigenen spezifischen Ursachen u. Bedingungen. Tendrel bezeichnet auch glückverheißende Umstände.

Absolute Wahrheit (skt. *paramārthasatya,* tib. *don dam bden pa*): eine der –›*Zwei Wahrheiten.* Absolute od. ultimative Wahrheit, so wie die Dinge sind, frei von jeglichen konzeptuellen Ausschmückungen, der grundlegende Raum der Erscheinungen, ohne jegliche Unterteilung. Im Unterschied dazu: so wie die Dinge erscheinen entsprechend der –›*relativen Wahrheit.*

Atiyoga –›*Dzogchen.*

Aufmerksamkeit, Achtsamkeit, Drenpa (tib. *dran pa,* skt. *smṛti*): In der Shamata Meditation beschützt Aufmerksamkeit das »Verweilen« od. die »Ruhe« des Geistes (–›*Nepa*) vor Ablenkung. In anderen Zusammenhängen bedeutet es, nicht die Anweisungen od. den Fokus der Meditation zu vergessen, bzw., im Verhalten (der –›*Nach-Meditation*), nicht zu vergessen, was anzunehmen u. was abzulegen ist.

B

Bardo (tib. *bar do,* skt. *antarābhava*): »Zwischenzustand«, im Allgemeinen wird damit der Zustand zwischen Tod u. Wiedergeburt bezeichnet. Tatsächlich werden sechs Bardos im Kreislauf von Leben u. Sterben unterschieden, drei des Lebens u. drei des Todes (bzw. je ein Bardo des Sterbens, des Todes u. der Wiedergeburt). Sie zeigen den Schwebezustand unseres Seins auf. Jedes Bardo bietet Möglichkeiten zur Befreiung bzw. zur Erleuchtung.

Bodhicitta (skt., tib. *byang chub kyi sems*): »Herz des erleuchteten Geistes«, der mitfühlende Wunsch, zum Wohle Aller Erleuchtung zu erlangen, um fähig zu werden, ihnen zu helfen u. sie auf die gleiche Stufe zu heben. Man unterscheidet relatives od. konventionelles u. absolutes Bodhicitta. Relatives Bodhicitta drückt obigen Wunsch aus u. wird zweifach unterteilt, »Bodhicitta des Wunsches« u. »Bodhicitta der Anwendung«, während absolutes Bodhicitta die direkte Einsicht in die letztendliche Natur aller Dinge ist. Im Dzogchen bezeichnet Bodhicitta auch den erleuchteten Geist od. –›*Rigpa.*

Bodhisattva (skt.), **Chang chub sempa** (tib. *byang chub sems dpa'*): Einer der –›*Bodhicitta* entwickelt hat u. sich auf dem Weg des Mahayana in den –›*sechs Paramitas* u. in –›*Vier Arten der Freude* usf. übt, um die zehn Bhumis (Stufen) bis zur Erleuchtung zu erklimmen.

Buddha-Natur (skt. *tathāgatagarbha* od. *sugatagarbha*, tib. *de gshegs snying po*): Auch Erleuchtungs-Essenz. Als Buddha die Erleuchtung erlangte, wurde ihm klar, dass alle Wesen dieselbe Natur u. das Potential zur Erleuchtung haben. Dies ist die Buddha-Natur, die allen Wesen bereits innewohnt. Wenn dem nicht so wäre, könnten die Wesen nicht erleuchtet werden, da diese letztendlich nicht erschaffen werden kann.

Buddhadharma: die Lehre des Buddha. –›*Dharma*

Buddhafeld, Buddhaland (skt. *buddhakṣetra*, tib. *zhing khams* od. *sangs rgyas kyi zhing* od. *dag pa'i zhing*): ist ein reiner Bereich, der von einem Buddha od. einem großen Bodhisattva manifestiert wird. Es heißt, wer in einem Buddhafeld wiedergeboren wird, schreitet auf dem Weg zur Erleuchtung voran, ohne wieder in die drei unteren Bereiche Samsaras zurückzufallen. Generell ist jeder Ort, der als reine Manifestation der Weisheit gesehen wird, ein Buddhafeld. –›*Buddhafamilien*

C

Chakra (skt. *cakra*, tib. *rtsa 'khor* or *'khor lo*): wörtl. »Rad«, Energieknoten, Energiezentren, die von den subtilen –›*Kanälen* durchlaufen werden. –›*Drei Chakren*

Chöd (Tib. *gcod*): wörtl. »Schneiden«, eine Praxis, die, auf der Prajnaparamita basierend, beinhaltet, den eigenen Körper als Essen verschiedenen visualisierten Gästen darzubringen, einschließlich bösen Mächten u. gefährlichen Geistern, um die –›*vier Maras* zu zerstören u. das Haften am eigenen Ego abzuschneiden. Chöd wurde im 11. Jhd. durch den indischen Siddha Padampa Sangye nach Tibet gebracht u. dort durch seine tibetische Schülerin, die Yogini Machig Labdron, verbreitet.

Chöku (tib. *chos sku*) –›*Dharmakaya*

D

Daka (skt. *ḍāka*), **Pawo** od. **Khandro** (tib. *dpa' bo* or *mkha' 'gro*): »Pawo« heißt wörtl. »Held«, das tantrische Äquivalent zu Bodhisattva bzw. das männliche Äquivalent zu Dakini.

Dakini (skt. *ḍākinī*), **Khandro(ma)** (tib. *mkha' 'gro ma*): eine weibliche Verkörperung erleuchteter Energie. »Khandro« heißt wörtl. »Himmels-Geherin«, jemand die den Himmelsraum der Weisheit durchquert. Eine der –›*Drei Wurzeln.*

Dharma (skt.), **Chö** (tib. *chos*): bedeutet allgemein Natur, Gesetz, Recht u. Sitte. Weltliches Dharma zielt auf weltliches Glück, wie Anerkennung, Berühmtheit ect., deswegen spricht man auch zur besseren Abgrenzung vom Buddha-Dharma (skt. *Buddhadharma*), den Lehren des Buddha Shakyamuni.

Dharmadhatu (skt. *dharmadhātu*), **Chöying** (tib. *chos dbyings*): »Die Weite, der Raum od. die Essenz der Phänomene«, Soheit, allumfassender Raum in dem sich alle Phänomene ungehindert manifestieren können. Wird auch synonym mit –›*Buddha-Natur* gebraucht.

Dharmakaya –›*Drei Kayas*

Dharmapala, Dharma-Schützer (skt. *dharmapāla*, tib. *chos skyong*): Gottheiten, deren Rolle es ist, die Dharma-Lehren u. die Dharma-Praktizierenden zu beschützen. Manche sind Emanationen von Buddhas u. Bodhisattvas, andere sind Geister od. Dämonen, die von großen Praktizierenden wie Padmasambhava unterworfen u. unter Eid gebracht wurden. Zu den bekanntesten zählen u.a. Ekajati, Mahakala, Dza Rahula u. Dorje Lekpa.

Dharmata (skt. *dharmatā*), **Chönyi** (tib. *chos nyid*): So-heit, die wahre Natur der Wirklichkeit.

Drei Bereiche (skt. *tridhātu* od. *triloka*, tib. *khams gsum*): eine dreifache Unterteilung der Wiedergeburtsbereiche Samsaras: (1) Bereich der sinnlichen Begierde (*kāmadhātu, 'dod khams*), (2) Formbereich der Götter (*rūpadhātu, gzugs khams*), (3) der formlose Bereich (*arūpadhātu, gzugs med khams*) der Wesen ohne grobstofflichen Körper.

Dzogchen (tib. *rdzogs chen*), **Mahāsaṅdhi** od. **Atiyoga** (skt.)– Dzogchen heißt wörtlich »Große Vollendung« od. »Große Vollkommenheit«, Mahasandi heißt so viel wie »Zusammenfassung von allem« od. »die Quintessenz«, Atiyoga heißt »ursprüngliches Yoga« od. »Gipfel aller Yoga«, u. bildet das höchste der –›*Neun Yanas*. So ist Dzogchen der Gipfel der tibetisch-buddhistischen Meditationen, die tiefste Essenz u. das Herzblut aller Lehren u. –›*Yanas*. Es wird vornehmlich in der Alten Schule (–›*Nyingma*) übertragen, meist eingebettet in das Tantrayana. Dzogchen wird aber auch innerhalb der anderen tibetisch-buddhistischen Schulen praktiziert, wie auch in der alten vorbuddhistischen Schule des Bön. Es beschreibt den selbst-vollendeten natürlichen Zustand unserer ursprünglichen Natur des allumfassenden Seins, es ist die Sicht u. das

Sein der Buddhas, der Zenit der individuellen spirituellen Entwicklung u. ist somit nicht auf Buddhismus od. eine Kultur begrenzt, sondern das Herz des Menschseins, daher »Große Vollkommenheit«. Es gehört zum –›*Ergebnis-Yana*. Charakteristisch ist, das der natürliche Zustand schon immer vollkommen war, wie der Himmel, u. deshalb keiner Verbesserung bedarf. Es ist ungeschaffen, nichtkünstlich, ungeboren u. unmittelbar verwirklicht. Es wird auch Maha Ati genannt.

Dzogpa Chenpo (tib. *rdzogs pa chen po*): wird meist zusammengezogen zu –›*Dzogchen*.

E

Eine Geschmack, der (Tib: *sang* [?] *nyen ro mnyam*): »Annehmlichkeit u. Unannehmlichkeit sind von einem Geschmack« = es gibt keinen wesenhaften Unterschied zwischen den Erscheinungen. Sie sind alle leer (frei von einer innewohnenden Essenz) u. vergänglich, jenseits von Konzepten u. Existenz.

Ergebnis-Yana (skt. *phalayāna*, tib. *'bras bu'i theg pa*): »Ergebnis-Fahrzeug« od. »Fahrzeug der Frucht«, bezieht sich auf den –›*Vajrayana* im Unterschied zum –›*Ursachen-Fahrzeug*. Das Ergebnis-Yana wird so genannt, da es sich auf das Ergebnis konzentriert, das innere Rigpa-Gewahrsein, die Buddha-Natur selbst, um Erleuchtung zu erlangen. Man identifiziert sich mit der Frucht, die seit anfangsloser Zeit in unserem Geist vorhanden war, aber nur zeitweise aufgrund von Verblendung verdunkelt ist. Longchenpa: »*Die Basis von Reinigung ist, dass die Buddha-Natur ausgestattet mit spontan vorhanden Qualitäten schon immer in uns natürlich vorhanden war. Die Objekte der Reinigung sind die temporären Verunreinigungen, die wie Wolken zeitweise den Himmel verdunkeln, u. durch die Pfade von Reifung u. Befreiung realisiert man das Resultat der Reinigung, die ursprünglich präsente Natur.*«

Ermächtigung, Initiation, Einweihung, Wang (tib. *dbang*), **Abisheka** (skt. *abhiṣeka*): bezeichnet die Übertragung der Weisheits-Energie einer Gottheit vom Lehrer auf den Schüler, ein Ritual, durch das der Schüler in das Mandala der Gottheit eingeführt wird. Der gleiche Ausdruck wird auch bei der Einführung des Schülers in die Natur des Geistes verwandt. »Ermächtigung« deshalb, weil wir durch das Ritual ermächtigt werden, einer bestimmten spirituelle Praxis nachzugehen u. somit die Möglichkeit erhalten, darin ein Meister zu werden. Im Vajrayana ist die Ermächtigung von entscheidender Bedeutung. Im Dzogchen ist die Einführung in die Natur des Geistes (*rig pa'i rtsal dbang*) die Pforte zur Praxis.

G

Garab Dorje (tib. *dga' rab rdo rje*), **Prahevajra** (skt.): der erste menschliche Meister des Dzogchen. Er übertrug die Lehren an Mañjushrimitra u. dieser an seinen Schüler Shri Singha (skt. Śrī Siṃha) usw. bis zur heutigen Zeit. Bekannt sind die »Drei essentiellen Aussagen, das Testament von Garab Dorje« (Tsik Sum Né Dek, tib. *tshig gsum gnad brdeg*), die er zu seinem Todeszeitpunkt an seinen Schüler Mañjushrimitra übergab u. die noch heute, meist mit ein Kommentar von Patrul Rinpoche, gelehrt werden.

Gewahrsein, reines/inneres/klares –›*Rigpa*

Gödpa (tib. *rgod pa*, skt. *auddhatya*): abgelenkter, wilder od. aufgeregter Geist, einer der 20 ergänzenden destruktiven Emotionen (skt. *upakleśa*, tib. *nye ba'i nyon mongs pa nyi shu*). Im Paar mit –›*Mugpa*.

Große Vollendung –›*Dzogchen*

Guru-Yoga (skt. *guruyoga*), **Lamai Naljor** (tib. *bla ma'i rnal 'byor*): wörtlich: die Vereinigung mit der [fundamentalen] Natur [des Geistes] des Gurus. Teil (meist der letzte) des –›*Ngöndro*.

Im Dzogchen ist es nicht nur die Essenz der vorbereitenden Übungen, sondern jeglicher Praxis.

Gyalpo (tib. *rgyal po*): wörtl. »König«, meint hier einen arroganten königgleichen Dämon, der mal als Schützer, mal als störender Dämon auftritt, ein mächtiges unsichtbares Wesen. –›*Senmo*

Gyuwa (tib. *'gyu ba*): »Bewegung«, geistiger Zustand des Aufgewühltseins bzw. der Veränderung, Gedanken-Aktivität, Geist in Bewegung, im Gegensatz zur Ruhe (–›*Nepa*).

H

Hinayana (skt. *hīnayāna*, tib. *theg dman*): wörtl. »Kleineres Fahrzeug«, auch die Bezeichnungen »Basis-Fahrzeug«, »Grundlegendes Fahrzeug« u. »Individuelles Fahrzeug« werden verwendet. Im Hinayana strebt man nach der persönliche Befreiung von Samsara, womit es sich in Motivation u. Ziel vom –›*Mahayana* u. –›*Vajrayana* unterscheidet. Es handelt sich somit um eine innere Einstellung u. nicht um eine buddhistische Richtung. Insofern ist die gelegentliche Gleichsetzung mit dem Theravada (der ältesten erhaltenen buddhistischen Schule) nicht richtig. –›*Neun Yanas* –›*Drei Yanas*

K

Kadag (tib. *ka dag*): ursprüngliche Reinheit, die Qualität der leeren Essenz des Grundes, aufgrund des Freisein von hinzukommenden Verunreinigungen u. des Nichtvorhandenseins einer innewohnenden Existenz. Der leere Aspekt von –›*Rigpa*. –›*Lhündrub*

Kaliyuga (skt. *kaliyuga*, tib. *rtsod ldan gyi dus*): das Zeitalter des fünffachen Niedergangs: (1) (Verkürzung der) Lebensspanne; (2) negative Emotionen (die fünf Geistesgifte vermehren sich); (3) Wesen (es wird immer schwieriger ihnen zu helfen, aufgrund des Niedergangs des physischen Körpers, des Intellekts u. der Gesundheit); (4) Zeiten (Kriege u. Seuchen vermehren sich stark, die Qualität der Dinge nimmt ab); (5) (falsche) Sichtweisen (verbreiten sich).

Kanäle, subtile, Nadis (skt: *nāḍi*), **Tsa** (tib: *rtsa*): Es gibt 72.000 subtile Kanäle, die hauptsächlichen sind der Zentralkanal (skt. *avadhūtī*, tib. *dbu ma*), der rechte Kanal (skt. *rasanā*, tib. *ro ma*) u. der linke Kanal (skt. *lalanā*, tib. *rkyang ma*). Entlang des Zentralkanals gibt es mehrere »Kanal-Räder«, die –›*Chakren* od. Energiezentren. –›*Lung* –›*Vitalessenzen*

Kapala (skt.: *kapāla*, tib. *thod pa*): Schädelschale, ein symbolisches Hilfsmittel, das die Fähigkeit repräsentiert, in der Glückseligkeit der nichtkonzeptuellen Weisheit zu verweilen.

Klesha (skt. *kleśa*, tib. *nyon mongs*): störende Emotion; ein destruktiver, begrenzender u. störender Geisteszustand; ein vergifteter, berauschter, verstörter Zustand. –›*Fünf Geistesgifte*

Kuntuzangpo (tib. *kun tu bzang po*), **Samantabhadra** (skt.): der »Immer Gute«, der Ur-Buddha, der ursprüngliche Buddha des Dharmakaya. Nackt u. nachtblau repräsentiert er die nackte, himmelsgleiche ursprüngliche Reinheit der –›*Natur unseres Geistes*, unbefleckt von auch nur Spuren von Konzepten. Er symbolisiert unsere unveränderliche od. fundamentale Gutheit, welche unsere letztendliche Natur ist. Alles, was im Geist erscheint, ist »immer gut«: Kuntu Zangpo.

L

Lama (tib. *bla ma*, kurz für *bla na med pa* = höchst, unübertroffen), **Guru** (skt. *guru*): spiritueller Lehrer, dem im Vajrayana eine besondere Bedeutung zukommt, als Übermittler der Lehre, durch Einweihung in das Mandala, die Einführung in die Natur des Geistes u. im –›*Guru-Yoga*.

Leerheit, Shunyata (skt. *śūnyatā*), **Tongpa nyi** (tib. *stong pa nyid*): die Abwesenheit einer inhärenten Existenz der Phänomene, das zweite Drehen des Rades des Buddha. Leerheit ist frei von Permanenz u. Nicht-Existenz, nicht nichts (also kein Nihilismus), nicht etwas (also kein Eternalismus), jenseits der zwei Extreme, letztendlich so wie die Dinge sind.

Lhündrup (tib. *lhun grub*): von Natur aus vorhanden, »wie Öl in einem Samenkorn«, unmittelbares Vorhandensein. Ein Aspekt von –›*Rigpa*. –›*Tögal*

Longchenpa (*klong chen pa*) od. Longchen Rabjam Drime Özer (1308-1364) war einer der scharfsinnigsten Lehrer der Nyingma Schule, der zahlreiche Werke zu Dzogchen u. anderen Themen verfasste, die noch heute einen Grundstein für das Studium u. Verständnis des Dzogchen bilden. Sein Hauptlehrer war Rigdzin Kumaraja bei dem er zusammen mit dem 3. Karmapa Rangjung Dorje studierte. Er gilt nicht nur als einer der größten Gelehrten Tibets sondern auch als vollkommen verwirklicht.

Lung (tib. *rlung*), **Prana** (skt. *prāṇa*), **Winde**: der innere Wind, die »Wind-Energie«, die »psychischen Winde«, die durch die –›*Kanäle* wandern. Die Winde, die durch die äußeren Kanäle wandern, gelten als negativ u. aktivieren negative, dualistische Denkmuster, während die Winde im Zentralkanal «Weisheits-Winde« genannt werden. –›*Vitalessenzen*

M

Mahakaruna (skt. *mahakaruṇā*): Großes Mitgefühl, »groß« deshalb, weil es von wirklichem Verständnis durchdrungen ist, von Einsicht in die Natur aller Dinge u. des Leidens von Samsara. Mitgefühl u. –›*Weisheit* bilden somit eine Einheit, die zwei Seiten einer Medaille. Im Unterschied zu Mitgefühl (*karuṇā*), eines der –›*vier Arten der Freude*.

Mahayana (skt. *mahāyāna*, tib. *theg pa chen po*): »Große Fahrzeug«. Im Mahayana ist das Streben nach Erleuchtung das Mittel, um allen Wesen zu helfen, die Befreiung aus Samsara zu erlangen. Dieses Streben nach Erleuchtung zum Wohle Aller wird –›*Bodhicitta* genannt. Es unterscheidet sich damit in Motivation u. Ziel vom –›*Hinayana* u. in der angewandten Methode vom –›*Vajrayana*. –›*Neun Yanas* –›*Drei Yanas*

Mandala (skt. *maṇḍala*), **Kyilkhor** (tib. *dkyil 'khor*): wörtl. »Zentrum u. Umfang«. Generell wird es als ein Kreis dargestellt, der ein Zentrum umkreist. Es kann uns u. unsere Umgebung darstellen, die ganze Welt symbolisieren od. eine ganzheitliche Struktur beschreiben, welche um ein zentrales, vereinendes Prinzip organisiert ist. In diesem Sinne beschreibt es auch eine –›*Yidam*-Gottheit u. das umgebende Gefolge, innerhalb u. außerhalb seines Palastes, die während eines tantrischen Rituals visualisiert werden. Ein Mandala kann auf Papier, mit Sand, auf einem Thangka od. als ein 3D-Modell dargestellt werden. Es dient ebenso dazu, verschiedene Prinzipien u. Eigenschaften miteinander in Beziehung zu setzen.

Mantra (skt.), **Ngak** (tib. *sngags*): heilige Silben in der Vajrayana Praxis, die den Geist des Ausführenden von Negativität od. gewöhnlicher unreiner Wahrnehmung schützen. Sie dienen auch zur Anrufung der –›*Yidam*-Gottheiten u. ihrem Gefolge, zum Schutz, zur Reinigung u. anderer magischer Rituale u. bilden einen zentralen Bestandteil der –›*Sadhana* Praxis.

Mara (skt. *māra*, tib. *bdud*): ein mächtiger Gott, der in Tushita (skt. *tuṣita*, tib. *dga' ldan*) weilt, einem freudvollen himmlischen Bereich, einem der sechs Himmel des Begierde-Bereichs. Er ist der große Illusionist, der versuchte Buddha von der Erlangung der Erleuchtung abzuhalten. Er steht für die Verführung der Begierde. –›*Vier Maras*

Men ngak (tib.), **Upadesha** (skt.): Kernunterweisungen, schriftliche od. orale Unterweisungen, die die essentiellen u. tiefgehendsten Punkte präsentieren.

Mugpa (tib. *rmugs pa, skt. styāna*): lethargischer, träger u. dumpfer Geisteszustand, auch trüb u. hoffnungslos, einer der 20 ergänzenden destruktiven Emotionen (skt. *upakleśa*, tib. *nye ba'i nyon mongs pa nyi shu*). Im Paar mit –›*Gödpa*.

N

Nach-Meditation, Jethob (tib. *rjes thob*, skt. *pṛṣṭha-labdha*): die Zeit zwischen den formalen Meditationssitzungen, also außerhalb des meditatives Gleichgewichts (tib. *mnyam bzhag*), die auch alle gewöhnlichen Aktivitäten wie Essen, Trinken, Schlafen u. Gehen umfasst, der »Alltag«.

Namthog (tib. *rnam rtog*): konzeptuelle Gedanken, Ideenbildung, abschweifendes Denken.

Naropa: (956-1040) od. (1016-1100), bedeutender Meister der Kagyü-Schule, einer der 84 Mahasiddhas, Schüler von Mahasiddha –›*Tilopa* u. Lehrer von Marpa, dem Übersetzer.

Natur des Geistes, Sem Nyid (tib. *sems nyid*, skt. *cittatā*): wörtl. »der Geist selbst«, die untrennbare Einheit von Gewahrsein (*Rigpa*) u. Leerheit (*Shunyata*), od. Klarheit u. Leerheit, was auch die Basis für alle Erscheinungen des gewöhnlichen Geistes (–›*sem*) ist, wie gewöhnliche Wahrnehmungen, Gedanken u. Emotionen. Die Natur des Geistes wird oft in drei Aspekten beschrieben. Seine *Essenz* ist weit, leer u. rein seit Anbeginn, wie der Himmel; seine *Natur* ist klar, strahlend, ungehindert u. von sich aus vorhanden, wie die Sonne im Himmel; seine *Energie* stahlt gleichermaßen wie die Sonne unvoreingenommen auf alles u. jeden, sich in alle Richtungen ausbreitend – nichts kann sie aufhalten u. sie durchdringt alles. –›*Rigpa*

Nepa (tib. *gnas pa*): »Verweilen«, Ruhe des Geistes, die Abwesenheit von Gedanken-Aktivität u. von störenden Geisteszuständen, jedoch mit subtiler Fixierung auf die Ruhe. Im Gegensatz zur Bewegung –› *Gyuwa*.

Ngöndro (tib. *sngon 'gro*): wört. »Das was davor kommt«, meist als »Vorbereitenden Übungen« übersetzt u. besteht je nach Schule u. Übertragung aus Zufluchtsnahme, Erzeugung des Wunsches nach Erleuchtung (Erleuchtungs-Geist: Bodhicitta), der Reinigungspraxis durch Vajrasattva (Reinigung von Verblendungen), den Mandala-Darbringungen (Ansammlung von Verdienst) u. schließlich dem –›*Guru-Yoga* (der Vereinigung mit dem Geist des Lama) u. ggfls. weiteren Übungen. Die Ngöndro-Übungen sind tiefgründige u. kraftvolle Instrumente, um eine tiefgreifende Reinigung u. Transformation hervorzurufen. Sie bereiten den Übenden nicht nur auf die tiefgründigen Pfade von Vajrayana u. Dzogchen vor, sondern führen ihn auch stufenweise zur Erfahrung der Erleuchtung.

Nirmanakaya –›*Drei Kayas*

Nirvana (skt. *nirvāṇa*, tib. *mya ngan las 'das pa*): wörtl. »ausgelöscht« (skt.), »jenseits von Leiden« (tib.), die Erleuchtung, Buddhaschaft, der Zustand von Friede, der auf dem Erlöschen (der Phänomene –›*Samsaras*) beruht, die völlige Befreiung von Leiden u. der Ursachen für Leiden.

Nyam (tib. *nyams*): vergängliche meditative Erfahrungen von Glückseligkeit (*bde ba'i nyams*), Klarheit (*gsal ba'i nyams*) u. der Abwesenheit von Gedanken (*mi rtog pa'i nyams*), in denen es immer noch die Erfahrung eines Meditierenden gibt u. Etwas das es zu erfahren gibt bzw. über das es zu meditieren gilt. Diese stellen an sich positive Erfahrungen da, aber bergen die Gefahr, dass der Meditierende ihnen anhaftet, sich nach ihnen sehnt u. bilden dann Hindernisse. Sie sind keine Verwirklichungen, aber, wenn sie losgelassen werden, können sie der Verwirklichung dienen.

Nyingma (tib. *rnying ma*): ist die »Alte Schule« des tibetischen Buddhismus, der Anhänger der ersten Übersetzungsphase von Buddhas Lehren in Tibet, die mit Padmasambhava, od. Guru Rinpoche, wie er in Tibet genannt wird, begann u. bis ins späte 10. Jhd. andauerte. Diese Tradition bildet keine kohärente Einheit, sondern setzt sich aus vielen Überlieferungslinien beginnend aus dieser Zeit zusammen. Sie wird auch die »Frühe Übersetzungsschule« (*snga 'gyur rnying ma*) genannt, um sie von den neuen Schulen zu unterscheiden, einer Renaissance, die mit den späteren Übersetzern, angefangen mit Rinchen Zangpo, im 11. Jhd. begann. Diese neuen Schulen umfassen Kadam, Kagyü, Sakya u. schließlich Gelug.

P

Phowa (tib. *'pho ba*, skt. *saṃkrānti*): die Übertragung des Bewusstseins zum Todeszeitpunkt in die Dharmakaya Natur, in ein Reines Land od. spezifisch in Dzogchen in die Sphäre des Klaren Lichts, entweder von einem selbst od. mit Hilfe von jemand anderem, einem Lama od. erfahrenen Praktizierenden.

Phurba –›*Vajrakila*.

Prajna (skt: *prajñā*), **Sherab** (tib. *shes rab*): Die sechste Paramita: –›*Weisheit*, klare u. volle Kenntnis od. präzise Einsicht in alle Dinge u. Erscheinungen, die zu *jñāna*, tib: yeshe (*ye shes*) führt, dem immer schon vorhandenen ursprünglichen Verständnis (der Natur der Dinge), eine der –›*Zwei Ansammlungen*.

Prajñaparamita (skt. *prajñāpāramitā*, tib. *sher phyin, shes rab kyi pha rol tu phyin pa*): »Transzendente Weisheit«, »Vollkommene Weisheit«, die sechste der –›*Sechs Paramitas*, eine Kategorie buddhistischer Literatur über –›*Shunyata*, hauptsächlich bei Nagarjuna (2. Jhd.). Eine weibliche Gottheit – die Verkörperung der transzendenten Weisheit. Prajñaparamita ist die Weisheit der direkten Verwirklichung der nicht-konzeptuellen Einfachheit aller Dinge, die alles Leiden transzendiert, des Nirvana, das frei ist von Extremen, der Frucht des Mahayana.

R

Relative Wahrheit (skt. *saṃvṛtisatya*, tib. *kun rdzob bden pa*): eine der –›*Zwei Wahrheiten*. Relative od. konventionelle Wahrheit, so wie die Dinge erscheinen. Im Unterschied dazu, wie die Dinge tatsächlich sind. –›*absolute Wahrheit*

Richö (tib. *ri chos*): wörtl. »Berg-Dharma«, eine Kategorie von Texten, die sich auf Anweisungen zur Praxis im Retreat fokussieren.

Rigpa (tib. *rig pa*), **Vidya** (skt. *vidyā*): Gewahrsein, Bewusstheit od. Kenntnis, im Dzogchen: innerstes reines nicht-duales Gewahrsein, mit der (Er-)Kenntnis der innersten Natur des Geistes, vollumfängliche Bewusstheit. Es ist eine ursprüngliche universelle Wahrheit, jenseits jeglicher Begrenzung, eine allumfassende Sicht, jenseits des gewöhnlichen Geistes (–›*Sem*), jenseits von Religion u. Kultur. Es ist ein spezifisches Feature von –›*Dzogchen*. –›*Shepa*

Rigpai Tsel (Tib. *rig pa'i rtsal*): Kreative Energie od. Potential u. manifestive Kraft des reinen Gewahrseins.

Rupadhatu (skt. *rūpadhātu*, tib. *gzugs khams*): Bereich der Form, samsarische Wiedergeburtszustände, in denen die fühlenden Wesen von dem Verlangen nach den subtilen Formen der physikalischen Welt geprägt sind.

S

Sadhana (skt. *sādhana*, tib. *sgrub thabs*): wörtl. »Mittel zur Verwirklichung«, ein Ritualtext, der die Mittel zur Verwirklichung einer od. mehrerer Yidam-Gottheiten beinhaltet, die die Essenz des letztendlichen Zustandes der Buddhaschaft beinhalten, ein Herzstück der Vajrayana-Praxis.

Samaya (skt.), **Damtsig** (tib. *dam tshig*): Gelübde u. Versprechen die im Vajrayana während Ermächtigungen gegeben werden. Sich in Harmonie mit den Samayas zu verhalten, heißt seine

Samayas zu halten. Im Detail gibt es viele hunderte Samayas u. verschiede Klassen von Samayas. Im Dzogchen im Speziellen spricht man von 27 Haupt-Samayas u. 25 Neben-Samayas. Wenn die höchste Sicht der Leerheit verwirklicht ist, sind darin auch alle Samayas enthalten.

Sambhogakaya –›*Drei Kayas*

Samsara (skt. *saṃsāra*), **Khorwa** (tib. *'khor ba*): der Zyklus der bedingten Existenz, Wandern in den Existenzen, gekennzeichnet durch Geburt, Altern, Tod u. Leiden, dem Zusammensein mit unangenehmen Situationen, dem Getrenntsein von wünschenswerten Situationen u. der stetigen Veränderung, wo man immer wieder geboren wird, bis man –›*Nirvana* erlangt.

Sem (tib. *sems*), **Citta** (skt.): gewöhnlicher dualistischer Geist, im Gegensatz zu Sem Nyid, der –›*Natur des Geistes*.

Sem Nyid (tib. *sems nyid*): Geist-an-sich. –›*Natur des Geistes*

Senmo: störender Dämon. –›*Gyalpo.*

Shakyamuni, Buddha Shakyamuni (skt. *Śākyamuni*, tib. *sangs rgyas shAkya thub pa*): der historische Buddha, der indische Prinz Gautama Siddhartha, der im 6. Jahrhundert v. d. Z. in Bodhgaya die Erleuchtung erlangt hat u. somit ein Buddha wurde. Er lehrte den spirituellen Pfad, der heute als Buddhismus bekannt ist.

Shamata (skt. *śamatha*), **Schi-né** (tib. *zhi gnas*): Ruhiges od. friedvolles Verweilen, einsgerichtete Meditation, Achtsamkeitsmeditation. Shamata arbeitet mit dem konzeptuellen Geist u. ist eine der zwei prinzipiellen buddhistischen Meditationsmethoden. Jenseits des konzeptuellen Geistes kommt man zur –›*Vipassana* Meditation.

Shepa (*shes pa*): grundlegendes Kennen od. Erkennen, etwas gewahr sein od. werden, ohne dabei aber unbedingt zu wissen, was es ist. –›*Rigpa*

Sherab ->*Prajna*

Shunyata ->*Leerheit*

Sicht, Meditation u. Verhalten / Tawa, Gompa, Chöpa (tib. *lta ba, sgom, spyod pa*, skt. *dṛṣṭi, bhavana, caryā*): gebräuchliche Triade: (1) Sicht(weise) der Realität: die Art zu meditieren u. sich zu verhalten, die Art u. Weise die Realität zu verstehen; (2) Meditation: die wiederholte Praxis, einen heilsamen Geisteszustand zu erzeugen u. sich darauf zu fokussieren, um dies als Gewohnheit zu begründen; (3) Verhalten od. Aktivität: das Umsetzen von Sicht u. Meditation im meditativen Gleichgewicht u. in der Nach-Meditation, dem wechselhaften Alltag.

Siddha (skt. *siddha*, tib. *grub thob*): ein Meister, Yogi od. verwirklichter Praktizierender, der ->*Siddhis* (Verwirklichungen) realisiert hat.

Siddhi (skt. *siddhi*), **Ngödrup** (tib. *dngos grub*): »Echte Verwirklichungen« bezeichnet temporäre u. endgültige Einsichten u. Kräfte, die man durch die Dharma-Praxis erlangt. Gewöhnliche Verwirklichungen sind besondere Kräfte wie z.B. Hellsehen, Fliegen, Telepathie; außergewöhnliche Verwirklichungen sind z.B. die direkte Einsicht in die Wirklichkeit u. die Erleuchtung.

Skandha ->*Fünf Skandhas*

Spiritueller Partner, Sangyum (Tib. *gsang yum*): auch geheime Gefährte/Gefährtin, Partner od. Ehefrau eines ->*Lamas* od. ->*Tertöns*.

Sutrayana (skt. *sūtrayāna*): umfasst Lehren von sowohl Hinayana als auch Mahayana u. ist auch bekannt als das ->*Ursachen-Fahrzeug*, denn es folgt dem Pfad, der die Ursachen für die Erlangung der Erleuchtung schafft, im Gegensatz zum ->*Ergebnis-Yana*. Es folgt den Schriften Buddhas, den Sutras, während das Vajrayana sich hauptsächlich auf die Tantras bezieht.

Svabhavikakaya (skt. *svābhāvikakāya*, tib. *ngo bo nyid kyi sku*): der vierte Kaya, die Untrennbarkeit der ->*Drei Kayas*, der letztendliche Buddha-Kaya, ein Aspekt der erleuchteten Form, gekennzeichnet durch die zweifache Reinheit, die natürliche Reinheit des Dharmadhatu, des allumfassenden Raumes der So-heit, u. die Reinigung aller temporären Befleckungen.

T

Tantrayana (skt. *tantrayāna*, tib. *theg pa rgyud*) ->*Vajrayana*

Tendrel (Tib. *rten 'brel*, Skt. *pratītyasamutpāda*): abhängiges Entstehen, d.h.: Nichts entsteht ohne eine Ursache. Auch: glückverheißende Umstände.

Tertön (Tib. *gter ston*): ein Enthüller spiritueller Schätze (*gter*), die zuvor von Padmasambhava od. Yeshe Tsogyal im 8. Jhd. versteckt wurden.

Tiglé (tib. *thig le*), **Bindu** (skt.): wörtl. »Sphäre« od. »Essenz-Tropfen«, die Essenzen innerhalb des psycho-physischen Systems, die Vital- od. Vajra-Essenz des Seins, auch »die Essenz od. der Same der großen Glückseligkeit«. ->*Lung* ->*Kanäle*

Tilopa: ein großer indischer Yogi (988-1069), einer der 84 Mahasiddhas, Stammvater der Kagyü Schule des tibetischen Buddhismus. Sein Schüler war ->*Naropa* (1016-1110).

Tögal (tib. *thod rgal*): »Sofortiges Überqueren«, »Hinüber-Springen«, »Direkter Zugang«, einer der zwei Aspekt der Dzogchen Praxis, bei dem der Aspekt von ->*lhündrub* von Rigpa betont wird. Tögal (wirksame Methode) bedarf einer stabilen Erfahrung von ->*Trekchö* (Weisheit), auch wenn die beide Aspekte als zwei Seiten einer Medaille gesehen werden. Tögal gilt als äußerst fortgeschrittene Übung, die besondere u. kraftvolle Methoden anwendet, um die Auflösungen der karmischen Vision zu erreichen, eine Methode, in die man von einem darin erfahrenen Meister eingeführt werden muss.

Trekchö (tib. *khregs chod*): wörtl. »die Festigkeit des Geistes durchschneiden« (od. »die scheinbare Substanzhaftigkeit des Geistes hinter sich lassen«), »Durchbrechen«, das Durchschneiden der Illusion, von Beständigkeit, Unnachgiebigkeit, Zähigkeit, Geschlossenheit; der Weisheitsaspekt der zwei Methoden der Dzogchen Praxis. In Trekchö wird die essentielle Natur der ursprüngliche Reinheit (–›*kadag*) von Rigpa betont, die nichtkonzeptuelle Leerheit von Rigpa gesehen. –›*Tögal*

Tröma Ngagmo (Tib. *khro ma nag mo*): »die schwarze furchteinflößende Mutter«, eine weibliche Verkörperung der Weisheit, die insbesondere in der –›*Chöd* Praxis uns in die Lage versetzt, mit besonders kraftvollen Mitteln, das dualistische Anhaften des Geistes, die Hauptursache des Leidens, zu durchtrennen u. dadurch unsere innere Weisheitsnatur offenbart werden zu lassen.

Tsawai Lama (*rtsa ba'i bla ma*), **Wurzel-Lama**: Wurzel-Guru, Haupt-Lehrer. Der Lehrer, der einem die Kernunterweisungen u. Ermächtigungen gibt u. mit dem daraufhin eine besondere –›*Samaya*-Verbindung besteht. Insbesondere ist es der Lehrer, der einen in die –›*Natur des Geistes* einführt.

Tsel (Tib. *rtsal*): Kreativität, Energie, Potential u. Ausstrahlung, kreatives Spiel, ausdrucksvolle Kraft.

U

Ursachen-Yana (skt. *hetuyāna*, tib. *rgyu'i theg pa*): Das Ursachen-Yana bezieht sich auf das –›*Sutrayana*. Die Ursachen-Yanas werden so genannt, da ihre Methoden sich auf die Ursachen zur Erlangung des Ziels, die Erleuchtung, konzentrieren. Die Ursachen umfassen das Aufgeben von negativen Handlungen von Körper, Rede u. Geist, zusammen mit dem Aufgeben der drei Geistesgifte von Zorn, Begierde u. Unwissenheit-Ignoranz. Im Gegensatz zum –›*Ergebnis-Yana*.

V

Vajra (skt.), **Dorje** (tib. *rdo rje*): ein rituelles Zepter, welches Mitgefühl u. wirksame Methoden, sowohl Unzerstörbarkeit symbolisiert. Wird im tantrischen Ritual zusammen mit der Glocke (tib. *dril bu*) gebraucht, die die Weisheit symbolisiert.

Vajra-Meister, Dorje Lopön (tib. *rdo rje slob dpon*), **Vajracharya** (skt. *vajrācārya* od. *vajra acharya*): ist ein qualifizierter Vajrayana-Lehrer, eine spirituelle Autorität, der dazu ermächtigt ist Vajrayana-Lehren u. -Praktiken zu übermitteln u. anzuleiten, u. entsprechend Gelübde (–›*Samaya*), –›*Ermächtigungen* (*wang*) u. rituelle Erlaubnisse (*lung*) überträgt.

Vajrakila (skt. *Vajrakīlaya*), **Dorje Phurba** (tib. *rdo rje phur pa*): Eine zornvolle od. furchteinflößende Meditationsgottheit, die die mitfühlende u. erleuchtete Aktivität aller Buddhas verkörpert u. bekannt ist für die kraftvollste Beseitigung von Störungen u. Hindernissen zur Entwicklung von Mitgefühl u. spiritueller (Meditations-)Praxis.

Vajrayana (skt. *vajrayāna* = *tantrayāna*, tib. *rdo rje theg pa*).: »Vajra-Fahrzeug«, wird auch als »Geheimes Mantrayana« od. »Tantrayana« bezeichnet u. ist ein wesentlicher Teil des –›*Mahayana*, basierend auf der Motivation von Bodhicitta, dem Wunsch zum Wohle aller Wesen die vollständige Erleuchtung zu erlangen. Geschickte u. kraftvolle Methoden werden angewendet, um die Ansammlungen von Verdienst u. Weisheit zu vervollkommnen u. eine reine Wahrnehmung zu verwirklichen. Mit Gottheitenyoga, Visualisation, Mantrarezitation, Meditation, Energierarbeit usf. wird gewöhnliche Wahrnehmung in heilige Wahrnehmung transformiert, wobei alles in seiner reinen wahren Natur gesehen wird. Das Ziel ist die Erlangung der Erleuchtung, das gleich ist mit der Verwirklichung von Dzogchen. –›*Neun Yanas* –›*Drei Yanas*

Vasenatmung (tib. *rlung bum pa can*): wird so genannt, da es beinhaltet den Atem anzuhalten, wobei die Luft im Zwerchfell gehalten wird, analog zu einer Vase. Es werden zwei Arten unterschieden, eine energetische »Große Vase« (*bum chen*), wie sie bei der Meditation der Inneren Hitze (*gtum mo*) angewendet wird, u. die »Kleine Vase« (*bum chung*), wie sie bei stiller Meditation od. bei Mantra Rezitationen angewendet wird.

Verblendung, Verdunkelung (Tib. *sgrib pa*): das, was uns daran hindert, unsere eigene wahre Natur zu erkennen. Es werden vier Arten unterschieden: emotionale, gewohnheitsmäßige, intellektuelle u. karmische Verblendung.

Verwirklichungen –›*Siddhi*

Vidyadhara (skt. *vidyādhara*), **Rigdzin** (tib. *rig 'dzin*). »**Wissens-** (auch Weisheits- od. Gewahrseins-)**Halter**«: jemand, der fortwährend im Zustand des reinen Gewahrseins (*rigpa*) verweilt, dieses Wissen wachhält u. weitergeben kann.

Vipassana (skt. *vipaśyanā*), **Lhagthong** (tib. *lhag mthong*): »Klares Sehen«, Meditation der tiefgründigen Einsicht zur Vervollkommnung von –›*Weisheit*. Eine Voraussetzung bildet –›*Shamata*. Mit der Vereinigung von Shamata u. Vipassana kommt man zum ruhigen Verweilen in tiefgründiger Einsicht.

Vitalessenz, Bindu (skt.) –›*miglé*

W

Weisheit, Yeshe (tib. *ye shes*), **Jnana** (skt. *jñāna*), **Sherab** (tib. *shes rab*), **Prajna** (skt. *prajñā*): die Erkenntnis, Verwirklichung od. Einsicht in die Natur aller Dinge u. unseres Gewahrseins, welche unbefleckt, ungekünstelt, unverfälscht u. schon immer vorhanden ist, die wir aber gewöhnlich nicht erkennen. Sherab ist dabei die sechste der –›*Sechs Paramitas*, die Übung in Weisheit/Leerheit, mit der Yeshe erlangt wird. Weisheit ist eine der essentiellen –›*Zwei Ansammlungen*.

Y

Yana (skt. *yāna*)**, Tekpa** (tib. *theg pa*): »Fahrzeug«, Pfad der Unterweisungen, das Fahrzeug, was uns entlang des spirituellen Pfades befördert. –›*Zwei Yanas*, –›*Drei Yanas*, –›*Neun Yanas.*

Yeshe Tsogyal (tib. *ye shes mtsho rgyal*): die Prinzessin von Kharchen, spirituelle Gefährtin u. Hauptschülerin von Padmasambhava. Sie sammelte die Lehren von Padmasambhava. u. versteckte sie als Termas für spätere Generationen. Sie war spezialisiert auf die –›*Vajrakila* Praxis u. erlangte Erleuchtung. Eine –›*Dakini.*

Yidam (tib. *yi dam*), **Deva** (skt. *iṣṭadevatā*): eine der –›*Drei Wurzeln*, eine ausgesuchte Meditations- od. Wunschgottheit, od. eine Schutzgottheit. Sie ist die Wurzel der Verwirklichung. Sie werden oft klassifiziert nach friedlicher u. zornvoller od. furchteinflößender Form. Das Gottheitenyoga ist ein essentieller Teil des Mantrayana, insbesondere des Mahayoga- u. Anuyogatantra (–›*Neun Yanas*). Die Gottheit symbolisiert die erleuchtete reine Form u. besitzt viele Attribute u. ist meist in ein Mandala eingebettet. Sie ist die natürliche Ausstrahlung des erleuchteten Geistes.

Z

Zufluchtnahme (tib. *skyabs 'gro*): ist die Basis u. das Eingangstor zu jeglicher buddhistischer Praxis. Es ist die Basis aller Gelübde, es ist die Verpflichtung, Schutz zu suchen aus Angst vor dem Leiden Samsaras. Die allgemeine od. »Äußere Zuflucht« ist die Zuflucht zu den Drei Juwelen, zu Buddha, Dharma u. Sangha; die »Innere Zuflucht« ist die Zuflucht zu den –›*Drei Wurzeln*; die »Geheime Zuflucht« ist die zu den –›*Drei Kayas;* u. die »Sehr Geheime Zuflucht« ist die Zuflucht zur –›*Natur des* eigenen *Geistes*, welcher leer, klar, von sich aus vorhanden u. alles-erfüllend ist.

Khordong Commentary Series:

I MARTIN J. BOORD. *A Bolt Of Lightning From The Blue, The vast commentary on Vajrakīla that clearly defines the essential points.* edition khordong. Berlin, 2002. reprint: Wandel Verlag. Berlin, 2010

II JAMES LOW. *Being Right Here, Commentary on The Mirror of Clear Meaning by Nuden Dorje.* Snow Lion. New York & Colorado, 2004

II.dt – *Hier und Jetzt Sein. Ein Kommentar zu „Don Sal Melong" – „Der Spiegel der klaren Bedeutung", ein Dzogchen-Schatztext von Nuden Dorje.* Überarbeitete Neuauflage. edition khordong, Wandel, Berlin, 2018

III – *Being Guru Rinpoche, Commentary on Nuden Dorje's Terma: The Vidyadhara Guru Sadhana.* Trafford. Canada, 2006

III.dt – *Eins mit Guru Rinpoche.* edition khordong. Berlin, 2007. reprint: edition khordong, Wandel Verlag. Berlin, 2012

IV TULKU TSULTRIM ZANGPO (TULKU TSURLO). *The Five Nails – A Commentary on the Northern Treasures Accumulation Praxis.* edition khordong, Wandel Verlag. Berlin, 2011

IV.dt – *Die Fünf Nägel – Ein Kommentar zu den Vorbereitenden Übungen der Nördlichen Schätze.* edition khordong, Wandel Verlag. Berlin, 2011

V RIG-'DZIN RDO-RJE (MARTIN J. BOORD). *A Roll of Thunder from the Void, Vajrakīla Texts of the Northern Treasures Tradition, Volume Two.* edition khordong, Wandel Verlag. Berlin, 2010

VI CHIMED RIGDZIN RINPOCHE, JAMES LOW. *Radiant Aspiration, The Butterlamp Prayer: Lamp of Aspiration.* Simply Being. London, 2011

VI.dt – *Lichter der Weisheit, Das Butterlampen-Wunschgebet von Chhimed Rigdzin Rinpoche. Mit einem Kommentar von James Low.* edition khordong, Wandel Verl., 2014

VII.tib TULKU TSULTRIM ZANGPO (TULKU TSURLO). *Boundless Vision. A Byangter Manual on Dzogchen Training. An Outline Commentary on the Boundless Vision of Universal Goodness (Kun bZang dGongs Pa Zang Thal).* Tibetischer Text. edition khordong, Wandel V. Berlin, 2012

VIII RIG-'DZIN RDO-RJE (MARTIN J. BOORD). *Illuminating Sunshine, Buddhist funeral rituals of Avalokiteśvara.* edition khordong, Wandel, 2012

IX.dt JAMES LOW. *Zuhause im Spiel der Wirklichkeit, Ein Kommentar zum Dzogchen Schatztext »Unmittelbares Aufzeigen der Buddhaschaft jenseits aller Klassifizierung« von Nuden Dorje.* edition khordong, Wandel, 2012

X RIG-'DZIN RDO-RJE (MARTIN J. BOORD). *Gathering the Elements, Vajrakīla Texts of the Northern Treasures Tradition, Volume One.* edition khordong, Wandel Verlag. Berlin, 2013

XI RIGZIN PEMA TINLEY / KHENPO CHOWANG. *The Path of Secret Mantra: Teachings of the Northern Treasures Five Nails. Pema Tinley's guide to vajrayāna practice.* edition khordong, Wandel Verlag. Berlin, 2014

XII RIG-'DZIN RDO-RJE (MARTIN J. BOORD). *A Blaze of Fire in the Dark, Homa ritues of Vajrakīla. Vajrakīla Texts of the Northern Treasures Tradition, Volume Three.* edition khordong, Wandel Verlag. Berlin 2015

XIII – *A Cloudburst of Blessings, The water initiation and other rites of empowerment for the practice of the Northern Treasures Vajrakīla, Vajrakīla Texts of the Northern Treasures Tradition, Volume Four.* edition khordong, Wandel Verlag, Berlin, 2017

XIV JAMES LOW. *Finding Freedom. Texts from the Theravadin, Mahayana and Dzogchen Buddhist traditions.* Introduced and translated by James Low with the guidance of Chimed Rigdzin Rinpoche. edition khordong, Wandel Verlag, Berlin, 2019

XIV.dt JAMES LOW. *Freiheit finden. Buddhistische Texte des Theravada, Mahayana und Dzogchen.* Eingeleitet und übersetzt aus dem Tibetischen von James Low. edition khordong, Wandel Verlag. Berlin, 2022

XV RIG-'DZIN RDO-RJE (MARTIN J. BOORD). *An Overwhelming Hurricane, Overturning samsara and eradicating all evil, Texts from the cycles of the Black Razor, Fierce Mantra & Greater than Great, Vajrakīla Texts of the Northern Treasures Tradition, Volume Five.* edition khordong, Wandel Verlag, Berlin, 2020

Weitere Titel

The Seven Chapters of Prayer, as taught by Padma Sambhava of Urgyen, known in Tibetan as Le'u bDun Ma, arranged according to the system of Khordong Gompa by Chhimed Rigdzin Rinpoche. Translated by Chhimed Rigdzin Rinpoche & James Low. With an introduction by James Low. Practice texts. edition khordong. Berlin, 2008. reprint: Wandel Vg. Berlin, 2010

Das Gebet in sieben Kapiteln gelehrt von Padmasambhava (Le'u bDun Ma), editiert von Chhimed Rigdzin Rinpoche. Übersetzt aus dem tibetischen von Chhimed Rigdzin Rinpoche & James Low. Mit einer Einführung von James Low. Praxistext. edition khordong. Berlin, 2008. Überarbeitete Neuauflage: Wandel Verlag, Berlin, 2020

Die Fünf Nägel, Die vorbereitenden Übungen der Nördlichen Schätze. Überarbeiteter und ergänzter Praxistext. edition khordong, Wandel Verlag, 2013

James Low. *Gesammelte Schriften von Chimed Rigdzin Rinpoche (C.R. Lama), Zusammengestellt und herausgegeben von James Low.* edition khordong, Wandel Verlag, Berlin, 2016

Dudjom Lingpa. *Buddhaschaft ohne Meditation, Eine visionäre Beschreibung, bekannt als »Verfeinerung der eigenen Wahrnehmung« (Nang-jang).* edition khordong, Wandel Verlag, Berlin, 2016

Jigme Lingpa. *Chöd Khandro Gadgyang. Sound of Dakini Laughter. The Methode for Cutting the Ego.* Praxistext. edition khordong, Wandel, 2020

Padmasambhava & Jamgön Mipham. *Die Girlande der Sichtweisen. Ein Leitfaden zu Sicht, Meditation und Resultat der Neun Fahrzeuge.* edition khordong, Wandel Verlag, Berlin, 2020

Jigme Lingpa. *Chöd Khandro Gadgyang. Das freudvolle Lachen der Dakinis. Die Methode zum Abschneiden des Ego.* Überarbeiteter Praxistext. edition khordong, Wandel Verlag, Berlin, 2022

Weitere Texte sind in Vorbereitung. Bitte besucht uns auf:
www.wandel-verlag.de

Sowie »liked« uns auf:
www.facebook.com/wandel.verlag/

Klassiker Wiederaufgelegt
(Reihe, Bd. 1 – 8)

Padmasambhavas mündliche Unterweisungen der Prinzessin Tsogyal
Die Geheimen Dakini-Lehren
Ein Juwel der tibetischen Weisheitsliteratur

Tulku Thondup
Die verborgenen Schätze Tibets
Eine Erläuterung der Termatradition der Nyingmaschule

James Low
Aus dem Handgepäck eines tibetischen Yogi
Grundlegende Texte der Dzogchen Tradition

Keith Dowman
Der Flug des Garuda
Fünf Dzogchen-Texte aus dem tibetischen Buddhismus

Dudjom Rinpoche
Die Klausur auf dem Berge
Ri Chö – Das Berg-Dharma. Dzogchen-Lehren und Kommentare

James Low
Hier und Jetzt Sein
Ein Dzogchen-Schatztext von Nuden Dorje mit dem Titel »Der Spiegel der klaren Bedeutung«

Chögyam Trungpa
Das Herz des Buddha
Buddhistische Lebenspraxis im modernen Alltagsleben

Tulku Thondup
Heilung Grenzenlos
Meditative Übungen, die den Geist erleuchten und den Körper heilen

Sarva Maṅgalam